अन्तर-शान्ति की आवाज़

एक्हार्ट टॉल्ल द्वारा लिखित पुस्तकें

शक्तिमान वर्तमान

(द पॉवर ऑफ नाउ
का हिन्दी संस्करण)

अन्तर-शान्ति की आवाज़

एक्हार्ट टॉल्ल

YogiImpressions®

YogiImpressions®

Yogi Impressions Books Pvt. Ltd.
1711, Centre 1, World Trade Centre,
Cuffe Parade, Mumbai 400 005, India.
Website: www.yogiimpressions.com

Hindi Translation by: Pratibha Arya
Edited by: Shiv Sharma

Author photo by Rick Tang
Cover image from Desert Dolphin

Originally published in the United States by
New World Library, 2003

First India printing: August 2003
First Hindi Edition: February 2010
Second reprint: May 2016
ISBN 978-81-88479-62-7

सूची

प्रस्तावना

अल्बर्ट आइंस्टीन ने कहा, "शान्त खड़े रहो, तुम्हारे सामने के वे पेड़ और पास में उगी झाड़ियां लुप्त न हो जाएं."

इस युग में, जबकि हमारे मस्तिष्क दिशाहीन यंत्रचालित से दौड़ रहे हैं — और वहाँ तेज़ी से पहुंच रहे हैं — *अन्तर-शान्ति की आवाज़* में एक्हार्ट का संदेश तेज़ और स्पष्ट है.

— गौतम सचदेवा

~

परिचय

एक सच्चे आध्यात्मिक गुरु के लिए शाब्दिक रूप में शिक्षा नहीं देनी होती, उसे तुम्हें कुछ देना या फिर तुमसे जोड़ना नहीं होता है, जैसे कोई नई सूचना, विश्वास, या फिर आचरण के नियम. ऐसे गुरु का केवल यह कार्य होता है कि उस रुकावट को हटाने में तुम्हारी मदद करे, जो तुम्हें सत्य से दूर करती है, जबकि तुम कौन और क्या हो, यह अपने अन्तर की गहराइयों में पहले से ही जानते हो. आध्यात्मिक गुरु का कार्य उसे उघारने और अन्तर की गहराइयों की सीमाएं बताने का है, जहां शान्ति बसती है.

यदि तुम किसी आध्यात्मिक गुरु के पास – या फिर इस पुस्तक के क़रीब इसलिए आते हो कि तुम्हें नए विचार, सिद्धान्त, विश्वास या फिर बौद्धिक चर्चा के लिए प्रोत्साहन प्राप्त हों, तो तुम्हें निराशा होगी. दूसरे शब्दों में, यदि तुम चिन्तन की भूख शान्त करने की दृष्टि से खोज रहे हो, तो तुम्हें वह यहां नहीं मिलेगी और तुम इन शिक्षाओं के मूल तत्वों और इस पुस्तक का सार, जो, कि शब्दों में नहीं, बल्कि तुम्हारे भीतर है, को खो दोगे. यह याद

रखना ठीक रहेगा कि तुम जो कुछ भी पढ़ते हो, उसे अनुभव करो. शब्द एक दिशा सूचक के अलावा कुछ नहीं. वे जिसकी ओर इशारा करते हैं, विचारों की सीमा के भीतर वह प्राप्त नहीं होगा, बल्कि तुम्हारे अन्तर के विस्तार में, जो कि विचारों से भी अधिक विस्तृत व गहरा है, उसमें प्राप्त होगा. एक जीवन्त शान्ति ही उस विस्तार की विशिष्टताओं में से एक है. इसलिए पढ़ते समय जब तुम्हें आन्तरिक शान्ति का उदय अनुभव होने लगे, तो समझ लो कि पुस्तक गुरु के रूप में अपना काम कर रही है. यह तुम्हें याद दिला रही है कि तुम कौन हो और वापिस घर आने का रास्ता बता रही है.

यह पुस्तक पृष्ठ दर पृष्ठ पढ़कर एक ओर रख देने के लिए नहीं है. इसके साथ जियो, इसे अक्सर उठाओ और उससे भी अधिक महत्वपूर्ण यह है कि इसे बीच-बीच में छोड़ दो, या फिर बजाय पढ़ने के, उसे ज्यादा समय तक हाथ में पकड़े रखो. कई पाठक प्रत्येक लेख पढ़ते समय सम्भवतः पढ़ना छोड़ना चाहेंगे, रुकना, चिन्तन करना चाहेंगे, या फिर एकदम रुक जाना चाहेंगे. पढ़ते समय बीच-बीच में इसे पढ़ना छोड़ देना अधिक सहायक और महत्वपूर्ण होगा, बजाय इसके कि तुम इसे लगातार पढ़ते रहो. पुस्तक को अपना कार्य करने दो, उसे तुम्हारी पुरानी लीक के दोहराव और जड़ विचारधारा से जगाने का कार्य करने दो.

इस पुस्तक को हम वर्तमान युग के लिए आध्यात्मिक शिक्षाओं के प्राचीनतम रूप, प्राचीन भारतीय सूत्रों के

पुनरोद्धार के रूप में देख सकते हैं. सत्य की ओर इशारा करने वाली छोटी बातों अथवा सूक्तियों के रूप में ये सूत्र शक्तिशाली सूचक हैं, जिनमें बहुत थोड़े आडम्बरहीन विचार जुड़े हैं. वेद और उपनिषद सूत्रों के रूप में, सबसे प्राचीन लिखी हुई पवित्र शिक्षाएं हैं, जैसे बुद्ध के शब्द हैं. यीशू की शिक्षाओं और उदाहरणों में से यदि कथात्मक भाग निकाल दिया जाए, तो वह सूत्रों के समान ही रह जाएंगी. इसी प्रकार ज्ञान की प्राचीन चीनी पुस्तक *ताओ ती चिंग* में भी गम्भीर शिक्षाएं संग्रहीत हैं. सूत्रों का संक्षिप्त होना ही उनका महत्व है. दिमाग़ को ज़रूरत से अधिक सोचने की आवश्यकता नहीं होती. बजाए कुछ कहने के, जो वे नहीं कहते, केवल उसकी ओर संकेत करते हैं, वही महत्व रखता है. सूत्रों की तरह लिखने की विधि का प्रयोग इस पुस्तक के पहले अध्याय ''मौन और अन्तर-शान्ति'' में विशेष रूप से किया गया है. इसमें सब कुछ संक्षेप में ही है. यह अध्याय पूरी पुस्तक का सार है और कुछ पाठकों की ज़रूरतों को पूरा भी करेगा, बाक़ी अध्याय उन सबके लिए हैं, जिन्हें कुछ और दिशा सूचकों की ज़रूरत है.

प्राचीन सूत्रों की भांति इस पुस्तक के सभी लिखित अंश पवित्र हैं और चेतना की स्थिति से उभरे हैं, जिसे हम अन्तर-शान्ति कह सकते हैं. प्राचीन सूत्रों की भांति ये किसी धर्म या आध्यात्मिक परम्परा से नहीं जुड़े हैं, बल्कि पूरी मानवता की पहुंच के भीतर हैं. इनमें यहां एक प्रकार का तात्कालिक का बोध जुड़ा है. मानव चेतना का रूपान्तरण एक विलासिता नहीं है, मतलब केवल कुछ गिने-चुने

लोगों के लिए ही नहीं, बल्कि सबके लिए ज़रूरी है, अगर मानवता अपने को नष्ट नहीं करना चाहती. आज के युग में प्राचीन चेतना निष्क्रिय और नवीन का जन्म, बहुत तेज़ी से हो रहे हैं. मुश्किल यह है कि सभी वस्तुएं एक ही समय पर अच्छी और बुरी हो रही हैं, हालांकि बुरी ही अधिक प्रमुख हैं, क्योंकि वे ज़्यादा ''शोर'' मचाती हैं.

यह पुस्तक वास्तव में ऐसे शब्दों का प्रयोग करती है, जिन्हें पढ़ने से ही यह आपके मस्तिष्क में विचारों में बदल जाए. लेकिन दोहराए गए, शोर मचाने वाले, जड़, अपने में समाए, ध्यान आकर्षित करने के लिए कोलाहल करने वाले कोई मामूली विचार नहीं हैं. प्रत्येक आध्यात्मिक गुरु की तरह, प्राचीन सूत्रों की भांति, इस पुस्तक के विचार यह नहीं कहते, ''मेरी तरफ़ देखो'', बल्कि ''मुझसे परे देखो''. चूंकि ये विचार अन्तर-शान्ति से उपजे हैं, इसलिए इनमें शक्ति है, ऐसी शक्ति जो तुम्हें वापिस उसी अन्तर-शान्ति में ले जाती है, जिसमें से ये उत्पन्न हुए हैं. यह प्रशान्ति ही अन्तर की शान्ति है और यह प्रशान्ति और शान्ति ही तुम्हारे अस्तित्व का सार है. यह अन्तर-शान्ति ही दुनिया का रूपान्तरण और उसकी सुरक्षा करेगी.

अध्याय 1

~

मौन और अन्तर-शान्ति

जब तुम अपने भीतर की अन्तर-शान्ति से सम्पर्क खो देते हो, तो अपने आपसे भी सम्पर्क तोड़ लेते हो. जब तुम अपने आपसे सम्पर्क खो देते हो, तो स्वयं को भी संसार में खो देते हो.

तुम्हारा अन्तरतम का बोध जो कि तुम स्वयं हो, अन्तर-शान्ति से अलग नहीं हो सकता. यही *मैं हूं,* जो कि नाम और आकार से भी अधिक गहरा है.

अन्तर-शान्ति तुम्हारा मूल स्वभाव है. अन्तर-शान्ति क्या है ? यह अन्तर का विस्तार है या फिर ऐसी जागरूकता है, जिसमें इस पृष्ठ पर लिखे शब्द स्पष्ट दिखाई पड़ते हैं और विचारों में बदल जाते हैं. इस जागरूकता के बिना कुछ भी बोध नहीं, न ही विचार और न ही यह संसार है.

विचारों का बाहरी शोर अन्तर के शोर के समान होता है.
बाहरी मौन के समान ही अन्तर की शान्ति होती है.

जब भी तुम्हारे चारों तरफ़ किसी प्रकार का मौन हो — उसे
सुनो. मतलब उसे अनुभव करो. उस पर ध्यान दो. मौन को
सुनने से तुम्हारे अन्तर की शान्ति का विस्तार तुम में ही
जाग उठेगा, क्योंकि अन्तर-शान्ति द्वारा ही तुम मौन को
पहचान सकते हो.

ध्यान रखो कि अपने चारों ओर फैले मौन को देखते हुए
तुम सोच नहीं रहे हो. तुम चेतन हो, परन्तु सोच नहीं रहे हो.

जब तुम मौन को पहचान लेते हो, तब अचानक एक अंदरूनी अन्तर-शान्ति की चेतना की स्थिति हो जाती है. तुम वर्तमान हो. हज़ारों वर्षों के सामूहिक मानवीय संस्कारों से तुम बाहर आ जाते हो.

एक पेड़, फूल और पौधे को देखो. अपनी चेतना को उस पर केन्द्रित कर दो. वे कितने शान्त हैं, अपने अस्तित्व में कितने गहरे धंसे हुए हैं. प्रकृति से अन्तर-शान्ति का पाठ सीखो.

जब तुम एक पेड़ की ओर देखते हो और उसकी अन्तर-शान्ति को जान जाते हो, तुम स्वयं भी शान्त हो जाते हो. तुम उसके साथ एक गहराई के स्तर तक जुड़ जाते हो. जो कुछ भी तुम उसके भीतर और अन्तर-शान्ति के द्वारा देखते हो तुम उसके साथ एकात्म हो जाने का अनुभव करते हो. सभी वस्तुओं के साथ एकात्म हो जाने का अनुभव ही सच्चा प्रेम है.

मौन हमारे लिए सहायक है, परन्तु अन्तर-शान्ति पाने के लिए तुम्हें उसकी ज़रूरत नहीं. अगर चारों तरफ़ शोर भी हो, तो तुम शोर के नीचे छिपी अन्तर-शान्ति को जान सकते हो, उस विस्तार को पहचान सकते हो, जहां से शोर पैदा होता है. सच्ची जागरूकता का यही अन्तरतम विस्तार स्वयं की चेतना है.

अपने सभी विचारों और ज्ञानेन्द्रियों की पृष्ठभूमि में तुम इसी चेतना के प्रति सचेत हो सकते हो. चेतना के प्रति सचेत हो जाना ही अन्तर की शान्ति का जाग जाना है.

किसी प्रकार का परेशान करने वाला शोर भी मौन की भांति सहायक हो सकता है. कैसे? अपने अन्दर के प्रतिरोध को शोर के सामने झुका दो और वह जैसा है, वैसा ही रहने दो. यही स्वीकृति तुम्हें अन्तर की शान्ति के प्रदेश में ले जाएगी, जो कि प्रशान्ति है.

जब भी तुम इस क्षण को गहराई में स्वीकार करते हो, वह चाहे किसी भी रूप में क्यों न हो – तुम स्थिर हो जाते हो और तुम्हें शान्ति मिल जाती है.

बीच के ख़ाली स्थान पर ध्यान दो – दो विचारों के बीच के ख़ाली स्थान पर. यह बातचीत में शब्दों के बीच का संक्षिप्त मौन विस्तार है. प्यानो या बांसुरी के स्वरों के बीच या फिर श्वास-प्रश्वास के बीच का खाली स्थान है.

जब तुम इन बीच के ख़ाली स्थानों पर ध्यान देते हो, तो यही "कुछ का" बोध चेतना बन जाता है. सच्ची चेतना का आकारहीन विस्तार तुम्हारे भीतर जाग उठता है और आकार की पहचान को हटा देता है.

सच्ची बुद्धि चुपचाप कार्य करती है. अन्तर-शान्ति वहीं पर होती है, जहां सृजनात्मकता हो और समस्याओं का हल पाया जाता हो.

क्या शोर और अन्तर्वस्तु की अनुपस्थिति ही अन्तर-शान्ति है ? नहीं, यह स्वयं बुद्धि ही है — हमारे भीतर की छिपी हुई चेतना, जिससे सभी आकार जन्म लेते हैं. जिससे तुम हो, उसी से अलग कैसे हो सकते हो ?

जिसे तुम अपना आकार समझते हो, वह उसी से आया है और इसी के सहारे जीवित है.

यह सभी आकाश-गंगाओं का, घास के तिनकों, फूल, पेड़, पक्षी और अन्य सभी आकारों का मूल है.

इस संसार में केवल अन्तर-शान्ति ही ऐसी चीज़ है, जिसका कोई आकार नहीं. यह वास्तव में कोई वस्तु भी नहीं है और इस संसार की भी नहीं है.

जब तुम किसी मनुष्य या वृक्ष को अन्तर-शान्ति में देखते हो, तब उसे कौन देख रहा होता है ? कोई चीज़ जो एक व्यक्ति से भी अधिक गहरी है. चेतना ही अपने सृजन को देख रही होती है.

बाईबिल में लिखा है कि परमात्मा ने इस जगत को बनाया और देखा कि यह अच्छा है. तुम भी यही देखते हो, जब तुम बिना विचार के अन्तर-शान्ति के साथ देखते हो.

क्या तुम्हें और जानकारी की आवश्यकता है ? क्या और भी अधिक सूचनाएं अथवा तेज़ रफ़्तार कम्प्यूटर, अधिक वैज्ञानिक और बौद्धिक गणनाएं संसार की रक्षा कर सकते हैं ? क्या ऐसा नहीं है कि मानवता को इस समय केवल समझदारी या सत्य ज्ञान की आवश्यकता है ?

परन्तु यह सत्य ज्ञान क्या है और कहां मिलेगा ? शान्त रहने की क्षमता से ही ज्ञान प्राप्त होता है. केवल देखो और सुनो. और कुछ भी करने की ज़रूरत नहीं है. शान्त रहने, देखने और सुनने से तुम्हारे भीतर का भावना विहीन ज्ञान जाग्रत हो जाता है. अन्तर-शान्ति को ही अपने शब्दों और कार्यों को दिशा बताने दो.

अध्याय 2

~

विचारशील बुद्धि के परे

.

मनुष्य की स्थिति : विचारों में गुम.

बहुत से लोग अपना पूरा जीवन अपने विचारों की सीमा में ही क़ैद रखकर जीते हैं. वे संकुचित, मानसिक उपज और व्यक्तिगत धारणाओं से कभी बाहर नहीं आते और अतीत द्वारा परिचालित रहते हैं.

तुम्हारे भीतर और प्रत्येक मनुष्य के भीतर चेतना का आयाम विचारों से भी अधिक गहरा होता है, तुम जो भी हो, यह उसी का सार है. हम इसे उपस्थिति, जागरूकता, अनियंत्रित चेतना कह सकते हैं. प्राचीन शिक्षाओं में, यही अन्तर का यीशू अथवा तुम्हारी बुद्ध प्रकृति है.

इस आयाम को खोजना, तुम्हें और दुःख की दुनिया को, जिसे तुम अपने और दूसरों पर लाद लेते हो, उससे आज़ाद कर देता है, जबकि बुद्धि से उपजे "नन्हे से मैं" को ही केवल तुम जानते हो और यही तुम्हारे जीवन को चलाया करता है. प्रेम, ख़ुशी, रचनात्मक विस्तार और असीम अन्तर-शान्ति सिर्फ़ चेतना की उस अप्रतिबंधित सीमाओं द्वारा तुम्हारे जीवन में आ सकते हैं.

अगर कभी-कभी अपने दिमाग़ में से गुज़रते हुए साधारण विचारों के समान विचार तुम पहचान सको, यदि तुम अपनी दिमागी भावना की प्रतिक्रिया करने वाली प्रणाली को स्वयं घटते हुए देख सको, तो उस समय यह विस्तार तुम्हारे भीतर पहले से ही उत्पन्न हो रहा होता है, जैसे जागरूकता के समय जब विचार एवं भावना उत्पन्न होते हैं – वह असमय अन्तर विस्तार, जिसके भीतर तुम्हारे जीवन की घटनाएं घटती हैं.

सोचने के स्रोत में तेज़ गति होती है, जो तुम्हें आसानी से अपने साथ बहाकर ले जा सकती है. प्रत्येक विचार यही भाव उत्पन्न करता है कि वह ख़ास है. वह तुम्हारा ध्यान पूरी तरह से अपनी ओर खींचना चाहता है.

तुम्हारे लिए अब एक नया आध्यात्मिक अभ्यास है कि अपने विचारों को बहुत गम्भीरता से मत लो.

मनुष्यों के लिए अपनी धारणाओं की क़ैद में फंस जाना कितना आसान है.

मनुष्य का मस्तिष्क जानने, समझने और क़ाबू करने की इच्छा में विचारों और अपने दृष्टिकोण की ग़लती को सत्य मान लेता है. वह कहता है कि यह ऐसा ही है. तुम्हें विचारों से भी बड़ा होना होगा, ताकि तुम ''अपना जीवन'' या फिर किसी अन्य के जीवन या व्यवहार के बारे में व्याख्या करते समय, चाहे तुम किसी भी परिस्थिति को जांचो, यह केवल एक दृष्टिकोण से अधिक कुछ नहीं है, बहुत सारे होने वाले दृष्टिकोणों में से केवल एक. यह केवल विचारों की पोटली से अधिक कुछ नहीं है, परन्तु सत्य तो एक संयुक्त पूर्णता है, जिसमें सभी कुछ आपस में गुंथा हुआ है, जहां अपने आप में कुछ नहीं है और कुछ होता भी नहीं है. मनुष्य की सोच यथार्थ के टुकड़े कर देती है — उसे धारणाओं के नन्हे-नन्हे टुकड़ों में काट देती है.

विचार करने वाला मस्तिष्क एक लाभदायक व शक्तिशाली औज़ार है, परन्तु यह बहुत सीमित भी है, जब यह तुम्हारे जीवन को पूरी तरह लपेट लेता है, जब तुम इस बात का

भी अहसास नहीं करते कि यह तुम्हारी चेतना का एक छोटा-सा रूप है.

बुद्धिमानी विचारों का जन्म नहीं है. गम्भीर *जानकारी*, बुद्धिमानी है, जो किसी को कुछ देने या किसी वस्तु पर पूरा ध्यान देने के सरल कार्य से उत्पन्न होती है. ध्यान प्राकृतिक है, बुद्धिमानी अपने आप में स्वयं की चेतना है. जड़ विचारों द्वारा उत्पन्न रुकावटों को यह मिटा देती है, इसके साथ यह पहचान आती है कि अपने आप में कुछ भी मौजूद नहीं. यह देखने वाले और देखे जा चुके को जागरूकता की एक हो जाने की स्थिति में जोड़ देता है. यह अलगाव का उपचारक है.

जब भी तुम विवशता भरी सोच में डूबे हुए होते हो, तुम जो है, उसकी उपेक्षा करते हो. तुम जहां हो, वहां नहीं होना चाहते. यहां, वर्तमान में.

धार्मिक, राजनैतिक, वैज्ञानिक सिद्धान्त इस ग़लत विश्वास में से पैदा होते हैं कि विचार सत्य या वास्तविकता को समेट सकते हैं. सिद्धान्त सामूहिक मन के भावों की क़ैद होते हैं. हैरानी की बात यह है कि लोग अपने क़ैदख़ानों से प्रेम करते हैं, क्योंकि वह उसे सुरक्षा का भाव और "मैं जानता हूँ" का झूठा भरोसा प्रदान करते है.

मानवता को इन सिद्धान्तों से अधिक पीड़ा किसी ने नहीं दी. यह सच है कि हरेक सिद्धान्त आज या कल बिखर जाता है, क्योंकि अन्त में सच्चाई उसका पर्दाफ़ाश कर देती है, हालांकि जब तक उसका बुनियादी भ्रम दिखाई दे कि वह क्या है, कोई और उसका स्थान ले लेता है.

यह बुनियादी भ्रम क्या है ? विचारों के साथ पहचान होना.

विचारों के सपनों से जाग्रत हो जाना ही आध्यात्मिक जागना है.

जितना कि विचार भी पकड़ नहीं सकते, चेतना का क्षेत्र उससे कहीं अधिक बड़ा है. जब तुम अपने हर विचार पर विश्वास करना छोड़ देते हो, तब तुम विचारों से बाहर आ जाते हो और साफ़ देख सकते हो कि जो विचारक है, वह तुम नहीं हो.

बुद्धि हमेशा ''काफ़ी नहीं'' की स्थिति में रहती है, इसलिए हमेशा और पाने का लालच करती है. जब तुम बुद्धि के साथ परिचित हो जाते हो, तो तुम बहुत आसानी से बैचेन होते हो और ऊब जाते हो. ऊबने का मतलब है कि बुद्धि और प्रोत्साहनों के लिए भूखी है, वह सोचने के लिए और भोजन चाहती है, उसकी भूख शान्त नहीं हो पा रही है.

जब तुम अपने मस्तिष्क की भूख को अनुभव करते हो, तो कोई पत्रिका उठाकर, फोन करके, टी.वी. चलाकर या वेबसाइट खोलकर अथवा बाज़ार में ख़रीदारी करके उसे शान्त कर सकते हो और यह असामान्य नहीं है कि मानसिक समझ में कमी और *अधिक* की ज़रूरत को थोड़े समय के लिए शरीर की आवश्यकता के रूप में अधिक भोजन करने के लिए अन्तर्ग्रहण कर लेते हो.

या फिर तुम अनुभव करके पता लगा सकते हो कि बैचेनी व ऊब की हालत में कैसा लगता है ? जब तुम इन

भावनाओं पर जागरूकता का आभास लाते हो, तब अचानक ही उसके चारों ओर स्थान और अन्तर-शान्ति हो जाती है. शुरू में थोड़ा कम, परन्तु जैसे ही अन्तर के स्थान की अनुभूति बढ़ती है, ऊब का अहसास गम्भीरता और वास्तविकता में कम होने लगता है. इस प्रकार यह ऊब भी तुम्हें यह सिखा सकती है कि तुम कौन हो और कौन नहीं हो.

तुम्हें पता चल जाएगा कि ''ऊबा हुआ व्यक्ति'' जो है, वह तुम नहीं हो. ऊब तुम्हारे भीतर की केवल एक परिस्थिति से उपजी ऊर्जा है. न ही तुम क्रोधी, दुःखी अथवा डरे हुए व्यक्ति हो. ऊब, क्रोध, दुःख अथवा डर ''तुम्हारे'' अपने नहीं हैं. ये केवल मानव मन की स्थितियां हैं. ये आती और जाती रहती हैं.

जो भी आता और जाता है, वह तुम नहीं हो.

''मैं ऊब गया हूं'' यह किसे मालूम?

''मैं क्रोधी, दुःखी और डरा हुआ हूं'' यह किसे मालूम?

तुम वह स्थिति, जो मालूम है, नहीं हो, बल्की तुम स्वयं जानकारी हो.

किसी भी प्रकार का पूर्वाग्रह यह बताता है कि तुम सोचने वाले मस्तिष्क के साथ परिचित हो. इसका अर्थ यह है कि तुम दूसरे किसी और व्यक्ति को अब बिल्कुल नहीं देख रहे हो, बल्कि उस व्यक्ति के विषय में यह तुम्हारी अपनी धारणा ही है. किसी दूसरे व्यक्ति की सजीवता कम करके, उसे धारणा से जोड़कर तुम एक प्रकार की हिंसा करते हो.

विचार जो कि जागरूकता से जुड़ा हुआ नहीं है, केवल आत्मलीन और अक्रियाशील हो जाता है. बिना बुद्धि की चतुराई बहुत ख़तरनाक और विनाशकारी होती है. आज मानवता की अधिकतर यही स्थिति है. विचार को विज्ञान एवं तकनीक में ढालना वास्तविकता में न तो अच्छा है, न ही बुरा. यह भी विध्वंसक बन गया है, क्योंकि जिस विचारधारा से यह उत्पन्न हुआ है, उसकी जड़ें जागरूकता में नहीं हैं.

मानव मूल्यांकन का अगला पग विचारों से आगे बढ़ना है. अब यही हमारा बहुत ज़रूरी कार्य है. इसका मतलब यह नहीं कि और विचार पूरी तरह न करें, लेकिन आसानी से ही विचारों के साथ न जुड़े, विचारों से ग्रस्त न हो जाएं.

अपने शरीर के अन्दर की ऊर्जा को अनुभव करो. मानसिक शोर एकदम कम या समाप्त हो जाएगा. इस ऊर्जा को अपने हाथों में, अपने पैरों में, अपने पेट में, अपनी छाती में अनुभव करो. जीवन को अनुभव करो जो कि स्वयं तुम हो. यही जीवन या प्राण शरीर का रूप धारण करता है.

इस प्रकार सजीवता के गहरे अर्थों में, भावनाओं के स्पंदन के नीचे, तुम्हारे सोचने के नीचे शरीर तब एक दरवाज़ा बन जाता है.

तुम्हारे भीतर एक सजीवता है, जिसे केवल मस्तिष्क में ही नहीं, तुम अपने पूरे अस्तित्व के साथ अनुभव कर सकते हो. उस उपस्थिति में प्रत्येक अणु सजीव है, जिसमें तुम्हें सोचने की आवश्यकता नहीं हो. फिर भी उस स्थिति में यदि किसी व्यावहारिक उद्देश्य के लिए विचार की आवश्यकता है, तो वह वहां मौजूद है. बुद्धि फिर भी कार्य कर सकती है और वह अधिक सुन्दरता के साथ कार्य कर सकती है, जबकि महानतम बुद्धि, जो कि तुम *स्वयं हो,* उसका प्रयोग करती है और उसी के द्वारा व्यक्त होती है.

तुमने उन छोटे-छोटे क्षणों को अनदेखा कर दिया होगा, जिनमें ''विचार रहित चेतना'' स्वभाविक तौर पर व स्वेच्छा से, तुम्हारे जीवन में पहले से ही घट रही है. तुम चाहे किसी भी शारीरिक क्रिया में व्यस्त हो, या फिर कमरे में चहलक़दमी कर रहे हो, या हवाईअड्डे के काउन्टर पर इंतज़ार कर रहे हो और पूरी तरह ऐसी मौजूदगी हो कि सोचने की स्वभाविक स्थिरता दब जाए और उसका स्थान एक जागरूक उपस्थिति ले ले, या फिर बिना किसी प्रकार की भीतर की मानसिक टीका-टिप्पणी के तुम अपने को आकाश की ओर देख पाते हो, या फिर किसी को सुन रहे होते हो. तुम्हारा प्रत्यक्ष ज्ञान विचारों द्वारा बिना धुंधला हुए एकदम स्पष्ट हो जाता है.

मस्तिष्क के लिए यह महत्वपूर्ण नहीं है, क्योंकि उसके सोचने के लिए और भी ''अधिक महत्वपूर्ण'' चीजें हैं. यह याद करने योग्य भी नहीं है, इसलिए तुमने उसकी उपेक्षा कर दी, जबकि वह अपने आप घट रहा है.

सच तो है कि सबसे महत्वपूर्ण बात यह है, जो तुम्हारे साथ घट *सकती* है. विचार से जागरूक उपस्थिति के स्थानान्तरण की यह शुरूआत है.

''कुछ न जानने'' की स्थिति में निश्चिन्त रहो. यह तुम्हें बुद्धि से परे ले जाएगी, क्योंकि बुद्धि हमेशा नतीजे निकालने और व्याख्या करने की कोशिश करती है. यह अज्ञान से डरती है. इसलिए तुम जब अज्ञान में भी निश्चिन्त हो जाते हो, तो तुम पहले से ही बुद्धि से परे हो जाते हो. एक गहरा ज्ञान जो कि धारणा रहित है, उस स्थिति में से पैदा हो जाता है.

कलात्मक सृजन, खेल, नृत्य, शिक्षण, सलाहकारी — किसी क्षेत्र में दक्षता — यह बताता है कि सोचने वाली बुद्धि या तो उसमें बिल्कुल शामिल नहीं है या फिर वह दूसरा स्थान ले रही है. एक शक्ति और बुद्धिमानी जो तुमसे बड़ी है और अब तक तुम्हारे साथ एकात्म है, अधिकार जमा लेती है. यहां निर्णय लेने की प्रक्रिया अब और नहीं रहती. सही प्रक्रिया तुरंत अपने आप होती है, जबकि ''तुम'' उसे नहीं कर रहे होते हो. जीवन का कौशल नियंत्रण का उलट होता है. तुम महानतम चेतना से जुड़ जाते हो. *यह* अभिनय करता, बोलता, कार्य करता है.

ख़तरे का एक क्षण विचारों के बहाव में अस्थायी रुकावट ला सकता है और इस प्रकार तुम्हें उपस्थित, सावधान और जागरूक होने का स्वाद अनुभव करा सकता है.

सत्य चारों ओर से और अधिक घेर लेता है, जितना बुद्धि कभी सोच भी नहीं सकती. कोई भी विचार सत्य को मुट्ठी में बन्द नहीं कर सकता. ज़्यादा से ज़्यादा उसकी ओर इशारा कर सकता है. उदाहरण के लिए वह कह सकता है – ''सभी वस्तुएं बुनियादी तौर पर एक हैं.'' यह केवल इशारा हैं, व्याख्या नहीं. इन शब्दों को समझने का अर्थ है, अपने भीतर की गहराई में से उस सत्य को अनुभव करना, जिसकी ओर वे इशारा करते हैं.

अध्याय 3

~

अहंकारी स्व

बुद्धि लगातार केवल विचारों के लिए ही भोजन नहीं खोजती, बल्कि अपने अस्तित्व के लिए भी भोजन खोजती है, अपने स्व की पहचान के लिए भी. इस प्रकार अहंकार अस्तित्व में आता है और लगातार अपनी फिर से रचना करता जाता है.

जब तुम अपने बारे में सोचते और बोलते हो, जब तुम कहते हो ''मैं'' तो तुम स्वभावतः ''मैं और मेरी कहानी'' के प्रसंग में कहते हो. तुम्हारा यह ''मैं'' ही पसन्द-नापसन्द करता है, डरता और इच्छा करता है, ''मैं'' कभी लम्बे अर्से के लिए सन्तुष्ट नहीं रहता. तुम क्या हो, यह बुद्धि की उपज का बोध है. यह अतीत द्वारा प्रभावित होता और भविष्य में अपनी पूर्णता खोजता है.

क्या तुम देख सकते हो कि यह ''मैं'' क्षण-भंगुर है, एक अस्थायी संरचना है. यह पानी की सतह पर लहरों द्वारा बनाए गए नमूनों की तरह है.

वह कौन है, जो यह देखता है? वह कौन है, जो तुम्हारे इस शारीरिक और मनोवैज्ञानिक रूप की क्षण-भंगुरता को *जानता* है? मैं हूं. यह गहनतम ''मैं'' अहंकार है. इसका अतीत और भविष्य दोनों से ही कोई सम्बन्ध नहीं.

तुम्हारे समस्या से भरे जीवन के हालात से जुड़े डर और चाहतें तुम्हारे ध्यान को हर घड़ी अपने ऊपर केन्द्रित रखते हैं. क्या ये शेष रहेंगे? तुम्हारी कब्र पर लगे पत्थर पर जन्म और मृत्यु की तारीखों के बीच का एक ख़ाली स्थान, एक या दो इंच लम्बी लकीर.

अहंकारी स्व के लिए यह एक निराशा में डूबा विचार है और तुम्हारे लिए मुक्ति देने वाला है.

जब प्रत्येक विचार तुम्हारे ध्यान को अपने ऊपर पूरी तरह केन्द्रित कर लेता है, तब इसका मतलब है कि तुम अपने मस्तिष्क की आवाज़ के साथ जुड़ गए हो. विचार तब स्व के बोध से घिर जाते हैं. यही अहंकार है, बुद्धि द्वारा उपजा ''मैं'' है. बुद्धि द्वारा उपजा अहंकार अपने को अधूरा व अस्थिर महसूस करता है. इसीलिए डर और चाहत इसको गति देने वाली मुख्य शक्तियां होती हैं.

जब तुम यह पहचान लेते हो कि तुम्हारे मस्तिष्क में कोई आवाज़ है, जो तुम्हारे अस्तित्व का दावा करती है और लगातार पुकारती रहती है, तो तुम विचारों के बहाव के साथ अपनी अनजानी पहचान से जाग रहे होते हो. जब तुम उस आवाज़ पर ध्यान देते हो, तब तुम्हें ज्ञान हो जाता है कि तुम वह आवाज़ नहीं, बल्कि विचारक हो, जो इसे पहचानता है.

अपने आपको आवाज़ के पीछे की जागरूकता समझना ही मुक्ति है.

अहंकारी स्व हमेशा खोजने में जुटा रहता है. वह अधिकतर इस और उसको अपने साथ जोड़ने के लिए, अपने आपको और भी अधिक पूर्ण अनुभव करने के लिए कोशिश करता है. यही अहंकार का भविष्य के साथ बाध्यकारी गठजोड़ है.

जब भी तुम अपने बारे में जागरूक हो जाते हो — ''अगले क्षण के लिए जीवित रहते हो'' — तुम उसी समय अहंकारी बुद्धि की बनावट से बाहर आ जाते हो और उस क्षण पर ध्यान केन्द्रित करने की सम्भावना भी साथ-साथ उत्पन्न हो जाती है.

इस क्षण पर पूरा ध्यान केन्द्रित करने से अहंकारी बुद्धि से भी अधिक समझदारी तुम्हारे जीवन में प्रवेश कर जाती है.

जब तुम अहंकार के सहारे जीते हो, तो तुम वर्तमान क्षण को अन्त के एक अर्थ में हमेशा कम कर देते हो. तुम भविष्य के लिए जीते हो और जब अपने लक्ष्यों को प्राप्त कर लेते हो, तो वे तुम्हें सन्तुष्ट नहीं कर पाते, कम से कम लम्बे समय तक नहीं.

जब तुम कार्य पर अधिक ध्यान देते हो, बजाय भविष्य के नतीजे के और जिन्हें तुम उसके द्वारा प्राप्त करना चाहते हो, तो तुम पिछले अहंकारी पूर्वाग्रह को तोड़ देते हो. तुम्हारा यह कार्य न केवल और अधिक प्रभावशाली हो जाता है, बल्कि असीम आनन्द और सन्तोष देने वाला बन जाता है.

प्रत्येक अहंकार में अक्सर एक तत्व अवश्य होता है, जिसे हम ''उत्पीड़ित अस्तित्व'' कह सकते हैं. कुछ लोग अपने बारे में इतनी कठोर और दुःख भरी कल्पना बना लेते हैं कि वह उनके अहंकार के बीच की धुरी बन जाता है. पछतावा और शिकायतें उसके अस्तित्व के बोध का ज़रूरी हिस्सा बन जाते हैं.

चाहे तुम्हारी शिकायतें पूरी तरह ''तर्कसंगत'' हों, तुमने अपने लिए पहचान की रचना कर ली है. यह एक क़ैदखाने की तरह है, जिसकी सलाख़ें विचारों के रूप में हैं. यह देखो कि तुम अपने आप क्या कर रहे हो या फिर तुम्हारी बुद्धि तुमसे क्या करवा रही है ? अपने दुःख की दास्तान से अपने भावनाओं के लगाव को अनुभव करो और उसके बारे में ज़बरदस्ती सोचने व बोलने में जागरूक बने रहो. अपने अन्तर के क्षेत्र के उपस्थित साक्षी के रूप में वहां मौजूद रहो. तुम्हें कुछ भी *करने* की ज़रूरत नहीं. जागरूकता के साथ रूपान्तरण और मुक्ति आती है.

शिकायत और प्रतिक्रिया पसन्दीदा मानसिक नमूने हैं. इनके द्वारा अहंकार अपने को मज़बूत करता है. बहुत से लोगों के लिए उनकी मानसिक भावनाओं की क्रियाएं इस या उसकी शिकायत अथवा प्रतिक्रिया करने की होती हैं. ऐसा करके तुम दूसरों को या परिस्थिति को "ग़लत" और अपने को "सही" ठहराते हो. "सही" बताकर तुम अपने को बेहतर समझते हो और अपने को बेहतर मानकर, तुम स्वयं के अस्तित्व के बोध को मजबूत करते हो. असल में तुम केवल अहंकार के भ्रम को मज़बूत करते हो.

क्या तुम इस प्रक्रिया की अपने भीतर जांच कर सकते हो और अपने मस्तिष्क से शिकायत की आवाज़ को पहचान सकते हो कि वह क्या है ?

अपनी अहंकारी भावना को संघर्ष की ज़रूरत है, क्योंकि उसकी अलग पहचान इसके और उसके ख़िलाफ़ संघर्ष करने और यह बताने में कि "मैं" यह हूं और "मैं" वह नहीं हूं, इसमें और भी शक्तिशाली हो जाती है.

शत्रुओं की मौजूदगी में अक्सर जातियां, राष्ट्र और धर्म, सामूहिक पहचान की शक्तिशाली भावना को महसूस करते हैं. ''अविश्वसनीय'' के बिना ''विश्वसनीय'' कौन हो सकता है ?

व्यक्तियों के साथ व्यवहार करते समय क्या तुम उनके लिए अपने भीतर श्रेष्ठतर अथवा निम्नतर का तीव्र भाव महसूस करते हो ? अगर ऐसा है, तो तुम अहंकार की तरफ़ ताकते हो, जो इस तरह की तुलना में ही लगा रहता है.

ईर्ष्या अहंकार का ही एक उत्पाद है और वह अपने को निम्न समझ लेता है, यदि किसी दूसरे के साथ कुछ भी अच्छा घट रहा हो या फिर दूसरे के पास कुछ ज़्यादा ही हो, उसके पास अधिक जानकारी हो अथवा वह तुमसे कुछ अधिक कर सकता हो. अहंकार की पहचान तुलना पर निर्भर करती है और वह *अधिक* पर जीवित है. वह किसी भी चीज़ को पकड़ लेगा. यदि कुछ भी न मिले, तो तुम अपने साथ हुए जीवन के *अधिक* अन्याय या किसी और से अपने को *अधिक* बीमार या पीड़ित समझकर अपनी पहचान के मनगढ़न्त भाव को शक्ति प्रदान करते हो.

वह कहानियां, कथा-साहित्य कौनसा है, जिससे तुम अपने अस्तित्व का बोध प्राप्त करते हो ?

अहंकारी स्व के ही ढांचे में विरोध, प्रतिरोध और अलग रहने की इच्छा अलगाव की भावना है, जिसको बनाए रखने में ही उसका अस्तित्व निर्भर करता है. इस प्रकार यहां ''मैं'' ''दूसरे'' के और ''हम'' ''उनके'' के विरोध में हैं.

अहंकार को किसी चीज़ या किसी व्यक्ति के साथ संघर्ष की आवश्यकता होती है. इससे साफ़ होता है कि तुम शान्ति, आनन्द और प्रेम की खोज में हो, परन्तु उन्हें लम्बे समय तक बर्दाश्त नहीं कर पाते हो. तुम कहते हो कि तुम्हें ख़ुशी चाहिए, परन्तु तुम्हें दुःखी रहने की आदत पड़ी हुई है.

तुम्हारा दुःख तुम्हारे जीवन की परिस्थितियों के कारण नहीं, बल्कि तुम्हारे मस्तिष्क की शर्तों के कारण पैदा हुआ है.

क्या तुम पहले कभी किसी किए गए या नहीं किए गए काम के लिए पछतावे की भावना रखते हो ? यह तो तय है कि तुमने उस समय अपनी चेतना के स्तर के अनुसार या किसी अचेतन अवस्था में ही यह कार्य किया होगा. यदि तुम और अधिक जागरूक और सचेत होते, तब तुमने अलग तरह का व्यवहार किया होता.

स्व के बोध के लिए ग्लानि अहंकार द्वारा अपनी पहचान के सृजन की कोशिश है. अहंकार के लिए इस बात से कोई भी फ़र्क़ नहीं पड़ता कि यह स्व सकारात्मक है या नकारात्मक. जो भी तुमने किया या करने में असफ़ल रहे, वह अज्ञान मानवीय अचेतनता का ही प्रदर्शन था, लेकिन अहंकार उसे व्यक्तिगत बनाता है और कहता है ''मैंने वह किया'' और इस प्रकार तुम अपने ''बुरे'' होने की एक काल्पनिक तस्वीर बना लेते हो.

इतिहास में मनुष्य ने अनगिनत हिंसाएं, क्रूर और एक दूसरे को चोट पहुंचाने वाले काम किए हैं और ऐसा करना जारी है. क्या उन सबको दोषी ठहराया जाए. क्या वे सब शर्मिंदा हैं? या फिर वे सब कार्य अचेतनता का आसान-सा प्रदर्शन है, एक ऐसी विकास की ओर बढ़ने वाली स्थिति है, जिसमें से हम आज गुज़र रहे हैं ?

यीशू का कथन कि ''उन्हें माफ़ कर दो, क्योंकि वे नहीं जानते कि वे क्या कर रहे हैं'', यह अपने आप पर भी लागू होता है.

यदि अपनी मुक्ति के उद्देश्य से अहंकार के लक्ष्य को चुनते हो, अपनी महत्ता की या फिर स्वयं को ऊंचा करने की भावना रखते हो और उन्हें प्राप्त कर भी लेते हो, तो वे तुम्हें संतोष प्रदान नहीं करेंगे।

लक्ष्य चुन लो, परन्तु यह जान लो कि वहां पहुंचना ही महत्वपूर्ण नहीं है। जब वर्तमान में से कुछ उभरता है, तो इसका मतलब है कि यह क्षण अंतःसमाप्ति का साधन नहीं है, बल्कि हर क्षण अपने आप में कार्य करते रहना है। तुम अब वर्तमान को अंतःसमाप्ति के साधन के रूप में कम नहीं करते, जो कि अहंकारी चेतना है।

''स्व नहीं, समस्या नहीं'' एक बौद्ध गुरु ने तब कहा, जब बौद्ध धर्म की गहराई की व्याख्या करने के लिए उनसे कहा गया।

अध्याय 4

~

वर्तमान

ऊपरी तौर पर देखने पर ऐसा महसूस होता है कि वर्तमान क्षण अनेक क्षणों में से एक है. तुम्हारे जीवन के हर दिन में हज़ारों क्षण होते हैं, जिनमें अलग-अलग घटनाएं घटती हैं, लेकिन अगर तुम ध्यान से देखो, तो क्या सदा यहां एक ही क्षण नहीं रहता ? क्या जीवन सदा ''यही क्षण'' नहीं है ?

यह एक क्षण – वर्तमान – ही एक ऐसा तथ्य है, जिससे तुम कभी छुटकारा नहीं पा सकते, यह तुम्हारे जीवन का न बदलने वाला तथ्य है. चाहे कुछ भी हो जाए, बेशक तुम्हारा जीवन बदल जाए, एक तथ्य तय है, वह है वर्तमान.

चूंकि वर्तमान से कभी छुटकारा नहीं मिल सकता, तो फिर क्यों न उसका स्वागत करें, उसके साथ मित्रता क्यों न रखें ?

जब तुम वर्तमान क्षण के साथ मित्रता कर लेते हो, तो तुम कहीं भी क्यों न हो, तुम अपने आपको सहज अनुभव करोगे. जब तुम वर्तमान में सहज अनुभव नहीं करते, तो फिर तुम कहीं भी चले जाओ, तुम अपने साथ बैचेनी ले जाओगे.

वर्तमान क्षण जैसा है, वैसा ही हमेशा रहेगा, क्या तुम उसे रहने दोगे ?

जीवन का विभाजन भूत, वर्तमान और भविष्य बुद्धि द्वारा बना है. वास्तव में यह काल्पनिक है. भूत और भविष्य विचार से उपजे रूप हैं, मानसिक अमूर्तिकरण हैं. भूत केवल वर्तमान में ही याद किया जा सकता है. जो कुछ तुम याद रखते हो, वह एक घटना है, जो वर्तमान में घटी है और तुम उसे वर्तमान में ही याद करते हो. भविष्य जब आता है, तो वह वर्तमान ही है, इसलिए यह बात सत्य है कि केवल वर्तमान ही है, जो सदा हमारे साथ रहता है.

अपना ध्यान वर्तमान में बनाए रखने का मतलब यह नहीं कि तुम्हें जीवन में जो चाहिए, उससे इनकार करो. इसका मतलब यह है कि जो भी प्राथमिक है, उसे पहचानो. फिर तुम उसके बाद द्वितीय जो भी सामने आए, उससे आसानी से निपट सकते हो. इसका मतलब यह कहना नहीं है कि ''मैं आगे किसी और बात या चीज़ से सम्बन्ध नहीं रखूंगा, क्योंकि अब यहां केवल वर्तमान है''. नहीं, जो प्राथमिक है, उसे पहले खोजो और वर्तमान को अपना मित्र बनाओ, अपना शत्रु नहीं. उसे स्वीकार करो, उसका आदर करो. जब वर्तमान तुम्हारे जीवन का प्राथमिक केन्द्र और आधार बन जाता है, तो तुम्हारा जीवन आसानी से गुज़रने लगता है.

बर्तन समेटना, व्यापार के लिए नीति बनाना, यात्रा की तैयारी करना — इनमें सबसे अधिक महत्वपूर्ण क्या है : कर्म या परिणाम, जिसे तुम कर्म द्वारा प्राप्त करना चाहते हो ? यह क्षण या भविष्य का कोई क्षण ?

क्या तुम *इस क्षण* को ऐसा मानते हो, जैसे वह एक बाधा है, जिसे पार करना चाहिए ? क्या तुम यह महसूस करते हो कि तुम्हारे पास भविष्य में कोई ऐसा क्षण होगा, जिसे प्राप्त करना अधिक ज़रूरी होगा ?

लगभग हर व्यक्ति इसी प्रकार जीवन गुज़ारता है. चूंकि भविष्य, सिवाय वर्तमान के *रूप में* कभी नहीं आता, इस तरह जीना, ग़लत ढ़ंग से जीना है. इसमें लगातार एक बैचेनी, तनाव और असन्तोष की अन्तर्धारा बहती रहती है. यह जीवन का सम्मान नहीं करता, जो अभी वर्तमान है और हमेशा वर्तमान ही रहेगा.

अपनी भीतरी सजीवता को अनुभव करो. यह तुम्हें वर्तमान में स्थिरता प्रदान करती है.

तुम अपने जीवन का भार तब तक नहीं उठा पाओगे, जब तक तुम *इस क्षण* यानी वर्तमान का दायित्व नहीं उठाओगे, क्योंकि वर्तमान ही वह स्थान है, जहां जीवन को पाया जा सकता है.

इस क्षण का दायित्व लेने का अर्थ यही है कि वर्तमान का ''इस प्रकार'' अन्तर से भी विरोध न करो, वह जो भी है, उससे बहस न करो. इसका मतलब है, जीवन के साथ शामिल होकर चलो.

वर्तमान ऐसा ही है, क्योंकि वह और किसी भी प्रकार का नहीं हो सकता. बौद्ध धर्म को मानने वाले यह सब हमेशा से ही जानते थे, अब भौतिकवादी भी इसे स्वीकार करते हैं : यहां अलग वस्तुएं या घटनाएं कभी नहीं होतीं. सतह के नीचे सभी वस्तुएं आपस में जुड़ी हुई हैं, ब्रह्माण्ड की पूर्णता का अंश हैं, जो कि यही रूप लेता है और जिसे यह क्षण प्राप्त करता है.

जब तुम जो भी है, उसे ''हाँ'' कहते हो, तो तुम स्वयं ही जीवन की ऊर्जा एवं बुद्धि से जुड़ जाते हो. तभी तुम जगत में सकारात्मक परिवर्तन के प्रतिनिधि बन जाते हो.

एक सरल, परन्तु तत्व रूप आध्यात्मिक अभ्यास तो यही है
कि वर्तमान में जो भी पैदा हो, उसके भीतर व बाहर से —
उसे स्वीकार करो.

जब तुम्हारा ध्यान वर्तमान से जुड़ जाता है, तो वहां
सजगता आ जाती है. यह ऐसा है, जैसे तुम सपने से जाग
रहे हो, विचारों के सपने, अतीत और भविष्य के सपने से.
कितनी स्पष्टता और कितनी सरलता है. इसमें समस्याओं
के पैदा होने के लिए कोई जगह नहीं है. बस, यह क्षण,
जैसा है, वैसा ही है.

जैसे ही तुम वर्तमान में ध्यान के साथ प्रवेश करते हो, तुम
अनुभव करते हो कि जीवन दिव्य है. जब तुम उपस्थित होते
हो, प्रत्येक वस्तु, जिसे तुम देखते हो, उसमें दिव्यता आ
जाती है. जितना अधिक तुम वर्तमान में रहते हो, उतना ही
अधिक तुम अपने अस्तित्व और सम्पूर्ण जीवन की दिव्यता
में सरल, परन्तु अत्यधिक आनन्द अनुभव करते हो.

अधिकतर लोग वर्तमान को और *इस समय जो घटित हो रहा है* उसको एक समान समझने की ग़लती कर बैठते हैं, परन्तु यह ऐसा नहीं है. वर्तमान में जो घट रहा है, वह उससे अधिक गहरा है. यह तो स्थान है, जिसमें वह घट रहा है.

इसलिए इस क्षण की विषयवस्तु को वर्तमान से भ्रमित मत समझो. उन सब विषयवस्तुओं में से जो पैदा होता है, वर्तमान उससे कहीं अधिक गहरा है.

जब तुम वर्तमान में प्रवेश करते हो, तो तुम अपने मस्तिष्क की विषय-वस्तुओं से बाहर आ जाते हो. विचारों का निरंतर प्रवाह रुक जाता है. विचार तुम्हारे ध्यान को अब और नहीं खींचते और तुम्हें पूर्णता में नहीं ले जाते. विचारों के बीच में ख़ाली स्थान पैदा हो जाता है – विस्तार और अन्तर-शान्ति. तुम यह अनुभव करना शुरू कर देते हो कि अपने विचारों के मुक़ाबले में तुम कितने अधिक विशाल और गहन हो.

विचार, भावनाएं, इन्द्रिय ज्ञान और जो कुछ भी तुम अनुभव करते हो, वही तुम्हारे जीवन की विषयवस्तु बन जाती है. "मेरा जीवन" वही है, जो तुम अपने स्व के ज्ञान से प्राप्त करते हो और "मेरा जीवन" ही विषयवस्तु है, इसी में तुम विश्वास करते हो.

तुम लगातार एक मौजूदा सच्चाई को अनदेखा कर देते हो. *मैं हूं* के तुम्हारे अन्तर-बोध का तुम्हारे जीवन की *घटनाओं* से कुछ लेना-देना नहीं, उसे विषयवस्तु से कुछ मतलब नहीं. *मैं हूं* का बोध 'वर्तमान' के साथ है. यह हमेशा ऐसा ही रहता है. बचपन और बुढ़ापे में, स्वास्थ्य और बीमारी में, सफलता या असफ़लता में – *मैं हूं* – वर्तमान का स्थान – अपने गहनतम स्तर तक बिना बदले रहता है. अक्सर विषयवस्तु से भ्रम हो जाता है, इसलिए अपने जीवन की विषयवस्तु *द्वारा मैं हूं* या फिर वर्तमान को बहुत ही धुंधला और अप्रत्यक्ष अनुभव करते हो. दूसरे शब्दों में तुम्हारे अस्तित्व का बोध तुम्हारे विचारों के प्रवाह और इस जगत की अन्य बहुत-सी बातों से ढक जाता है. वर्तमान समय में खो जाता है.

इस प्रकार आप भूल जाते हो, अपने अस्तित्व का अपनी जड़ों से जुड़ा होना, अपनी दिव्य वास्तविकता और संसार में अपने आपको खो देते हो. जब मानव यह भूल जाता है कि वह कौन है, तब भ्रम, क्रोध, निराशा, हिंसा और संघर्ष पैदा हो जाते हैं.

इस प्रकार सत्य को याद रखना कितना आसान है और इससे घर वापस लौटना भी.

मैं अपने विचार, भावनाएं, इन्द्रिय-बोध और अनुभव नहीं हूं. मैं अपने जीवन की विषयवस्तु नहीं हूं. मैं जीवन हूं. मैं वह स्थान हूं, जिसमें सब कुछ घटता है. मैं चेतना हूं. मैं ही वर्तमान हूं. मैं हूं.

अध्याय 5

~

वास्तव में तुम कौन हो

तुम्हारे भीतर की गहराइयों से वर्तमान को अलग नहीं किया जा सकता.

यूं तो तुम्हारे जीवन में बहुत सी वस्तुएं ज़रूरी होती हैं, परन्तु केवल एक ही वस्तु सम्पूर्ण होती है.

तुम जीवन में सफ़ल हो या असफ़ल, यह संसार की नज़र में महत्वपूर्ण हो सकता है. तुम तंदरुस्त हो या बीमार, शिक्षित हो या अशिक्षित यह भी महत्व रखता है. तुम अमीर हो या ग़रीब, यह भी महत्व रखता हैं – वास्तव में ये सब तुम्हारे जीवन को प्रभावित करते हैं. जी हां, ये सब बातें महत्व रखती हैं – परन्तु तुलना करके देखें, तो बिल्कुल भी महत्व नहीं रखतीं.

यहां ऐसा भी है, जो उन सबसे अधिक महत्व रखता है और वह है, इस तत्व को खोजना कि इस क्षण-भंगुर जीवन के परे तुम कौन हो, वही क्षण-भर का व्यक्तिपरक स्व का बोध.

अपने जीवन की परिस्थितियों को फिरसे व्यवस्थित करके तुम शान्ति प्राप्त नहीं कर सकते, बल्कि 'तुम कौन हो' का बोध अपने जीवन की गहराइयों में समझकर प्राप्त कर सकते हो.

पुनर्जन्म अगले जन्म में भी तुम्हारी मदद नहीं कर सकता, यदि तुम अभी तक यह नहीं जानते कि तुम कौन हो.

इस धरती पर सभी दुःख ''मैं'' और ''हम'' के व्यक्तिगत बोध से ही उत्पन्न होते हैं. तुम कौन हो, इसका पूरा सार इसी में आ जाता है. जब तुम अपने अन्तर के इस तत्व से अनजान रहते हो, तो अन्त में तुम सदा दुःख ही पाते रहते हो. यह बात उतनी ही सरल है. जब तुम यह नहीं जानते कि तुम कौन हो, तुम अपने सुन्दर और दिव्य अस्तित्व को

बुद्धि द्वारा रचे गए स्व के बदले में रख देते हो और उस भयभीत और लोभी स्व से चिपट जाते हो.

उस नकली स्व के बोध की रक्षा करना और उसे बढ़ाना ही तब तुम्हारी पहली प्रेरक शक्ति बन जाता है.

बहुत सी अभिव्यक्तियां जो कि आम बोलचाल में हैं और अक्सर भाषा की ही बनावट बन जाती हैं — यही बताती हैं कि मनुष्य यह नहीं जानता कि वह क्या है. तुम कहते हो ''उसका जीवन समाप्त हो गया'' या फिर ''मेरा जीवन'', मानो यह जीवन कुछ ऐसा है, जिसे पाया या खोया जा सकता है. सत्य तो यह है कि जीवन तुम्हारे *पास नहीं है,* तुम ही *जीवन हो.* एक पूर्ण जीवन, केवल एक चेतना, जो पूरे जगत में फैल जाती है और अनुभव के लिए एक पत्थर, घास का तिनका, पशु, एक व्यक्ति, तारे या ग्रह का अस्थायी आकार प्राप्त कर लेती है.

क्या अपने भीतर गहराई से तुम यह अनुभव करते हो कि तुम पहले से ही यह जानते हो? क्या तुम्हें इस बात का ज्ञान है कि तुम वह पहले से ही हो?

जीवन में अधिकतर कार्यों के लिए तुम्हें समय की ज़रूरत है, जैसे किसी नए कौशल, मकान निर्माण, विशेषज्ञ बनने, एक कप चाय बनाने के लिए. समय बेकार है, परन्तु जीवन की सबसे महत्वपूर्ण घटनाएं, जो तुमसे सम्बन्धित हैं, उनमें एक बात जो सबसे अधिक ज़रूरी है, वह है, स्व का ज्ञान, जिसका मतलब है, यह जानना कि ऊपरी तौर पर दिखाई देने के अलावा, तुम्हारा नाम, तुम्हारा शारीरिक रूप, तुम्हारा इतिहास, तुम्हारी कहानी के अलावा तुम क्या हो.

तुम अपने को भूत या भविष्य में नहीं पा सकते. केवल एक स्थान जहां तुम अपने को पा सकते हो, वह है वर्तमान.

अध्यात्म की खोज करने वाले 'स्व' को पहचानने या ज्ञान प्राप्त करने के लिए भविष्य में झांकते हैं. खोजने वाले का अर्थ है कि तुम्हें भविष्य की ज़रूरत है. यदि इसी पर तुम विश्वास करते हो, तो तुम्हारे लिए यही सत्य बन जाता है. तुम्हें समय की ज़रूरत होती है, जब तक तुम्हें स्वयं पता नहीं चल जाता कि अपने अस्तित्व के लिए तुम्हें समय की ज़रूरत नहीं है.

जब तुम एक पेड़ देखते हो, तो तुम पेड़ को पहचानते हो. जब तुम्हारे मन में कोई विचार या संवेदना उत्पन्न होती है, तुम उस विचार अथवा संवेदना को जानते हो. जब तुम्हें कोई दुःखदायक अथवा आनन्ददायक अनुभव होता है, तो तुम उस अनुभव को पहचानते हो.

ये सभी स्पष्ट और सही बातें हैं, फिर भी यदि तुम उन्हें ध्यान से देखोगे, तो तुम पाओगे कि बहुत बारीकी से इस संरचना में भ्रम है. एक ऐसा भ्रम, जो भाषा के प्रयोग के समय एकदम व्यर्थ हो जाता है. विचार और भाषा दोहरेपन और अलग व्यक्तित्व को जन्म देते हैं, जबकि सच्चाई में वहां कोई भी नहीं होता. सत्य यह है कि वृक्ष, विचार, संवेदना अथवा अनुभव को जानने वाले तुम कोई नहीं हो. तुम तो वह चेतना अथवा जागरूकता हो, जिसमें व जिसके द्वारा सब वस्तुएं दिखाई देती हैं.

जब तुम अपने जीवन की तरफ़ देखते हो, तो क्या तुम अपने को एक चेतना के रूप में जान सकते हो, जिसमें तुम्हारे पूरे जीवन की विषयवस्तु स्पष्ट हो जाती है?

तुम कहते हो "मैं अपने को जानना चाहता हूं." तुम इसमें मैं *हो*. तुम ही ज्ञान *हो*. तुम ही *वह* चेतना *हो*, जिसके द्वारा सभी कुछ जाना जाता है. चेतना अपने आपको नहीं *जान सकती*, बल्कि वह अपने आप *है*.

इसके परे कुछ भी नहीं जानना है, फिर भी सभी जानना उससे पैदा होता है. "*मैं*" ज्ञान का, चेतना का विषय अपने आप नहीं बन सकता है.

इसलिए तुम अपनी ही विषयवस्तु खुद नहीं बन सकते. यही कारण है कि अहंकारी 'स्व' का भ्रम पैदा हो जाता है — क्योंकि मानसिक रूप से तुमने अपने आपको ही विषय बना लिया है. तुम कहते हो, "वह मैं हूँ". इस प्रकार तुम अपने आपसे रिश्ता स्थापित कर लेते हो और दूसरों को और अपने आपको अपनी कहानी सुनाते हो.

अपने को जागरूकता के रूप में, जिसमें असाधारण अस्तित्व घटित होता है, जान लेने से तुम असाधारणता पर निर्भरता से मुक्त हो जाते हो और परिस्थितियों में, स्थानों में और अलग अवस्थाओं में स्व की पहचान से मुक्त हो जाते हो. दूसरे शब्दों में यह कि जो भी घटित होता अथवा घटित नहीं होता है, तब महत्वपूर्ण नहीं रहता. वस्तुएं अपनी नीरसता और गम्भीरता छोड़ देती हैं. तुम्हारे जीवन में चंचलता आ जाती है. तुम इस जगत को ब्रह्माण्डीय नृत्य के रूप में देखते हो – आकार का नृत्य – न कुछ अधिक, न कम.

जब तुम जान जाते हो कि वास्तव में तुम क्या हो, तुम्हारे भीतर शान्ति का जीवन्त बोध स्थायी हो जाता है. तुम उसे आनन्द भी कह सकते हो, क्योंकि वही तो आनन्द है – कम्पन भरी जीवित शान्ति. आकार ग्रहण करने से पहले के जीवन तत्व के रूप में अपने को जानना ही आनन्द है. यही अपने होने का आनन्द है, तुम वास्तव में जो हो उसीका.

जिस प्रकार पानी ठोस, तरल और गैस के रूप में हो सकता है, उसी प्रकार चेतना भी शारीरिक तत्व के रूप में ''ठोस'', बुद्धि और विचार के रूप में ''तरल'' और शुद्ध चेतना के रूप में आकारहीन देखी जा सकती है.

शुद्ध चेतना आकार लेने से पहले जीवन है और यह जीवन आकार के संसार में ''तुम्हारी'' आंखों द्वारा ही देखता है, क्योंकि तुम ही चेतना हो. जब अपने को उस रूप में पाते हो, तब तुम प्रत्येक वस्तु के भीतर अपने को पहचान लेते हो. यह पूरी तरह साफ़-साफ़ प्रत्यक्ष ज्ञान की स्थिति है. तुम अब अपने बोझिल अतीत से जुड़ा अस्तित्व नहीं हो, जो विचारों का ऐसा पर्दा बन जाता है, जिससे होकर आने वाले अनुभवों की व्याख्या की जाती है.

जब तुम बिना अर्थ लगाए किसी वस्तु को महसूस करते हो, तो तुम्हें तब इस बात का ज्ञान हो जाता है कि वह क्या है, जिसे महसूस कर रहे हो. शब्दों के रूप में यदि हमें कहना पड़े, तो हम कह सकते हैं कि, जहां प्रत्यक्ष ज्ञान घटित होता है, वहां सजग अन्तर-शान्ति का क्षेत्र बन जाता है.

आकारहीन चेतना ''तुम्हारे'' द्वारा ही अपने विषय में जागरूक हो जाती है.

बहुत से लोगों का जीवन ज़रूरत और भय द्वारा ही चलता है.

अपने को और अधिक 'पूर्ण' *बनाने* के लिए अपने आप में *जोड़ने की* ज़रूरत ही इच्छा है. हर तरह का भय कुछ *खोने का* और अस्तित्व खो देने या उसके *कम हो जाने* का भय होता है.

ये दोनों ही प्रक्रियाएं इस तथ्य में कि अस्तित्व को न तो लिया और न ही दिया जा सकता है, रुकावट बन जाती हैं. अस्तित्व अपनी पूर्णता में तुम्हारे ही अन्दर है, यही वर्तमान है.

अध्याय 6

~

स्वीकृति और समर्पण

जब भी तुम्हें समय मिले अपने भीतर ''झांको.'' उस क्षण अपनी बाहरी परिस्थितियों के बीच देखो कि तुम कहां हो, तुम किसके साथ हो और तुम क्या कर रहे हो और अपने विचार और भावनाएं जानो, अंदर और बाहरी परिस्थितियों के बीच क्या तुम अचेतन में ही संघर्ष पैदा कर रहे हो ? क्या तुम अनुभव कर सकते हो कि जो भी वास्तव में है, उसके विरोध में अपने अन्तर में खड़ा होना कितना पीड़ा देने वाला होता है ?

जब तुम इसे पहचान लेते हो, तब यह भी समझ लेते हो कि तुम इस व्यर्थ के संघर्ष – अन्तर के युद्ध की दशा को छोड़ देने के लिए अब स्वतंत्र हो।

यदि तुम्हें अपने अन्तर के सत्य को उस क्षण व्यक्त करना पड़े, तो प्रत्येक दिन में कितनी बार तुम्हें यह कहना पड़ेगा, ''मैं जहां पर हूं, मैं वहां नहीं होना चाहता.'' ट्रैफिक जाम, तुम्हारे काम का स्थान, एयरपोर्ट का लाउंज या जिन लोगों के साथ तुम हो, जहां कहीं भी हो, वहां न होने की इच्छा का अनुभव कैसा होता है ?

यह सत्य है कि कुछ जगहों को छोड़ देना ही अच्छा होता है और तुम्हारे करने के लिए कभी-कभी यही सबसे सही काम होगा. कई परिस्थितियों में उन्हें छोड़ देने से समाधान संभव नहीं होता. ऐसी स्थितियों में ''मैं यहां नहीं होना चाहता हूं'' केवल व्यर्थ ही नहीं, बल्कि कठिन भी होता है. यह स्थिति तुम्हें और तुम्हारे नज़दीक के लोगों को दुःखी कर देती है.

यह कहा गया है कि ''तुम जहां जाते हो, वहीं पर होते हो.'' दूसरे शब्दों में ''तुम यहां पर हो.'' हमेशा. क्या इसे स्वीकार करना मुश्किल है ?

क्या प्रत्येक इन्द्रिय ज्ञान व अनुभव की मानसिक रूप से निशानदेही करने की तुम्हें ज़रूरत है ? क्या तुम्हें अक्सर परिस्थितियों और लोगों के साथ लगातार संघर्ष करते रहना पड़ता है, जहां तुम्हें वास्तव में जीवन के साथ पसन्द

या नापसन्द के प्रतिक्रिया वाले सम्बन्ध रखने की आवश्यकता
हो, ज़रूरी है ? क्या यह अन्तर की गहराई में दबी एक
मानसिक आदत है, जिसे छोड़ा जा सकता है ? यह बिना
कुछ किए इस क्षण को जैसा है, उसी रूप में स्वीकार करने
से हो सकता है.

स्वभाव वाला और प्रतिक्रिया करने वाला ''नहीं'' अहंकार
को मज़बूत बनाता है. ''हां'' उसे कमज़ोर करता है. तुम्हारे
व्यक्तित्व की पहचान अहंकार समर्पण के आगे जीवित नहीं
रह पाती.

''मुझे बहुत कुछ करना है.'' हम ऐसा मान भी लें, परन्तु
तुम्हारे काम का स्तर क्या है ? काम पर जाने के लिए गाड़ी
चलाना, अपने मुवक्किलों से बातें करना, कम्प्यूटर पर काम
करना, छोटे-मोटे काम निपटाना, ऐसे अनगिनत काम करना,
जो तुम्हारे दैनिक जीवन का हिस्सा हैं. तुम जो भी करते
हो, उसमें कितने निपुण हो ? तुम्हारा यह कार्य करना
समर्पण का है या बिना समर्पण का ? यही तुम्हारे जीवन में
सफलता को निश्चित करते हैं, यह नहीं कि तुमने कितना

परिश्रम किया. परिश्रम तनाव और थकान की ओर इशारा करता है — भविष्य में एक निश्चित लक्ष्य पर पहुंचने की *घोर इच्छा* अथवा किसी विशेष परिणाम को प्राप्त करने के लिए.

क्या तुम अपने भीतर ऐसा एक तत्व खोज सकते हो, जो तुम्हें ऐसा एहसास करवाए कि जो कुछ भी तुम कर रहे हो, उसे *न करना* चाहते हो ? यह जीवन को अस्वीकार करना है, इसलिए एक निश्चित सफल परिणाम सम्भव नहीं.

यदि तुम अपने भीतर यह खोज सकते हो, तब क्या तुम उसे छोड़ भी सकते हो और जो कुछ भी कर रहे हो, उसी में डूब सकते हो.

''एक समय में एक ही काम करना'' एक ज़ेन गुरु ने ज़ेन की इस प्रकार व्याख्या की.

एक समय में एक काम करने का मतलब है, जो कुछ भी करो, उसमें पूर्णता हो, उस पर अपना पूरा ध्यान दो. यह समर्पित क्रिया है — अधिकार देने की क्रिया.

"जो है" उसकी स्वीकृति तुम्हें गहराई के उस तल तक ले जाती है, जहां तुम्हारी अन्तर की दशा, यहां तक कि तुम्हारी स्व की अनुभूति, बुद्धि द्वारा किए गए "अच्छे" या "बुरे" के निर्णय पर बिल्कुल निर्भर नहीं करती.

जब तुम जीवन के "होने को" को "हां" कर देते हो, जब तुम इस क्षण को इसी रूप में स्वीकार कर लेते हो, तब तुम अपने भीतर विस्तार के भाव को अनुभव कर सकते हो, जो कि गहरी शान्ति प्रदान करता है.

ऊपरी तौर पर तुम धूप के दिनों में ख़ुश और वर्षा के दिनों में उतने ख़ुश नहीं रहते, तुम एक मिलियन डालर जीतने पर ख़ुश होगे और अपना सब कुछ खो देने पर दुःखी हो जाओगे. ख़ुशी और दुःख, इनमें से कोई भी उतनी गहराई तक अब कभी नहीं पहुंचता. ये तुम्हारे अस्तित्व की ऊपरी सतह पर लहरें मात्र होते हैं. बाहरी परिस्थितियां कैसी भी क्यों न हों, तुम्हारे भीतर की बुनियादी शान्ति को प्रभावित नहीं करतीं.

"जो है" उसका स्वीकार तुम्हारे भीतर की गहराइयों की सीमा स्पष्ट करता है, जिससे लगातार ऊपर नीचे होने वाले विचारों और भावनाओं के ऊपर तुम्हारी न तो बाहरी, न ही भीतरी परिस्थितियां निर्भर करती हैं.

जब तुम यह जान जाते हो कि अनुभवों का अस्थायी स्वभाव और जगत तुम्हें कुछ भी स्थायी प्रदान नहीं कर सकते, तब समर्पण आसान हो जाता है. अहंकारी स्व की इच्छाओं और भय के बिना तुम लोगों से मिलने लगते हो, अनुभवों और कामों में व्यस्त हो जाते हो. कहने का मतलब है, तुम्हें कोई ख़ास परिस्थिति, व्यक्ति, स्थान या घटना सन्तोष प्रदान करे या ख़ुश करे, ऐसी आशा तुम नहीं करते. तुम उसका अद्भुत और अधूरा स्वभाव ऐसे ही स्वीकार कर लेते हो.

आश्चर्य की बात तो यह है कि जब तुम किसी प्रकार की कोई असम्भव इच्छा नहीं करते, प्रत्येक परिस्थिति, व्यक्ति, स्थान अथवा घटना न केवल तुम्हें सन्तोष प्रदान करते हैं, बल्कि और भी माफ़िक शान्ति देने वाले हो जाते हैं.

जब तुम इस क्षण को पूरी तरह से स्वीकार कर लेते हो, जब तुम *"जो है"* से अब और तर्क नहीं करते हो, तो सोचने की मजबूरी कम हो जाती है और सजग अन्तर-शान्ति उसका स्थान ले लेती है. तुम पूरी तरह सचेत हो, फिर भी बुद्धि इस क्षण को किसी ख़ास नाम से निशानदेही नहीं करती. अन्तर की प्रतिरोध न करने वाली स्थिति तुम्हें बिना शर्त निर्मल चेतनता की ओर ले जाती है, जो सचमुच मनुष्य की बुद्धि में अनंत रूप में महान है. यह विस्तृत बुद्धि तब तुम्हारे द्वारा अपने आपको बयान करती है और सहायता भी करती है. यह तुम्हारे भीतर से और बाहर दोनों तरह से होता है. इसीलिए अन्तर के द्वंद्व को छोड़ देने से तुम देखते हो कि अक्सर परिस्थितियां बेहतर हो जाती हैं.

क्या मैं कह रहा हूं, "इस क्षण का आनन्द उठाओ, ख़ुश रहो ?" नहीं.

यह क्षण *"जैसा है"* उसे वैसे ही अपनाओ, यही काफ़ी है.

समर्पण का मतलब है *इस क्षण* के प्रति समर्पण, उस कहानी के प्रति नहीं, जिसके द्वारा तुम इस क्षण की *व्याख्या* करते हो और उसके सामने अपने आपको झुका देने की कोशिश करते हो.

उदाहरण के लिए, तुममें किसी प्रकार की विकलांगता हो और तुम अब चल नहीं सकते हो, यह स्थिति उसी प्रकार है.

तुम्हारी बुद्धि अब एक प्रकार की कहानी शायद ऐसे बनाएगी, ''मेरा जीवन कैसा हो गया है. मैं एक व्हीलचेयर में ही ख़त्म हो जाऊंगा. ज़िंदगी ने मेरे साथ बहुत ही बेरहमी से अन्याय भरा व्यवहार किया है. मैं तो यह नहीं चाहता था.''

क्या तुम इस क्षण के *होने को* स्वीकार कर सकते हो और मस्तिष्क द्वारा उसके इर्द-गिर्द बनाई गई कहानी से भ्रमित नहीं होते ?

समर्पण तब ही आता है, जब तुम यह नहीं पूछते, ''यह सब मेरे साथ ही क्यों हो रहा है ?''

सबसे अधिक अस्वीकृत और दुःख देने वाली परिस्थिति भी अपने भीतर एक गहरी अच्छाई को छिपाए हुए है. प्रत्येक घोर विपत्ति में ईश्वरीय कृपा का बीज छिपा होता है.

इतिहास गवाह है, ऐसे बहुत सारे स्त्री व पुरुष हुए हैं, जिन्होंने बहुत अधिक नुकसान, बीमारी, क़ैद या फिर सामने खड़ी मृत्यु की अनचाही मौजूदगी को, जिसे साधारण मनुष्य अस्वीकार करता है, उसको स्वीकार किया और ''उस शान्ति को, जो सभी प्रकार के ज्ञान से उच्च है,'' उसको प्राप्त किया.

अस्वीकृत को स्वीकार करना ही इस जगत में ईश्वरीय कृपा का सबसे बड़ा स्रोत है.

ऐसी भी परिस्थितियां आती हैं, जब सभी प्रकार की व्याख्याएं और उत्तर असफल हो जाते हैं. जीवन का कोई भी मतलब नहीं रह जाता या जब कोई तुम्हारे पास विपत्ति में सहायता के लिए आता है और तुम नहीं जानते कि क्या कहना या करना है.

जब तुम पूरी तरह स्वीकार कर लेते हो कि तुम कुछ नहीं जानते, तब अपनी सीमित बुद्धि से उत्तर खोजने के लिए तुम संघर्ष करना बन्द कर देते हो, तो उसी क्षण एक बेहतर बुद्धि तुम्हारे द्वारा कार्य करना शुरू कर देती है. विचार भी उससे लाभ प्राप्त कर सकते हैं, क्योंकि बेहतर बुद्धि उनमें प्रवाहित हो सकती है और उसे प्रेरणा देती है.

समर्पण का अर्थ कई बार समझने के प्रयत्न को छोड़ देना और बिना जानकारी के साथ संतुष्ट रहना होता है.

क्या तुम किसी को जानते हो, जिसका मुख्य काम अपने और दूसरों के जीवन को दुःखी बनना और अप्रसन्नता फैलाना ही होता है ? उन्हें क्षमा कर दो, क्योंकि वे भी मानवता के जागरूक होने का ही एक हिस्सा हैं. जो भूमिका वे निभाते हैं, वह अहंकारी बुद्धि के बुरे सपने की गहराई, समर्पण न करने की दशा को ही बताता है. इसमें व्यक्तिगत कुछ नहीं होता. वे असल में ऐसे व्यक्ति नहीं हैं.

हम कह सकते हैं, समर्पण प्रतिरोध से स्वीकार के बीच का परिवर्तनकाल है, ''न'' से ''हां'' तक का. जब तुम समर्पण करते हो, तो तुम्हारे स्व का बोध अस्तित्व की पहचान की प्रतिक्रिया और मानसिक फ़ैसले से हटकर प्रतिक्रिया या फ़ैसले के *चारों तरफ़ स्थान* में बदल जाता है. आकार (रूप) द्वारा अस्तित्व की पहचान विचार अथवा भावना से स्थानान्तरण है. अपने इस रूप की पहचान के लिए, जो आकार के बिना है, यही एक विशाल जागरूकता है.

जो कुछ भी तुम पूर्ण रूप से स्वीकार करते हो, वह तुम्हें शान्ति की ओर ले जाएगा, स्वीकृति भी, जिसे तुम स्वीकार नहीं कर सकते उसे भी, क्योंकि तुम प्रतिरोध में हो.

जीवन को अकेला छोड़ दो. उसे चलने दो.

अध्याय 7

प्रकृति

हम प्रकृति पर अपनी शारीरिक सुरक्षा के लिए ही निर्भर नहीं रहते, हमारे लक्ष्य का सही रास्ता दिखाने के लिए भी हमें प्रकृति की आवश्यकता होती है, अपने मस्तिष्क की क़ैद से बाहर निकलने का रास्ता सुझाने के लिए ही. हम काम करने, सोचने और यादों में या फिर भविष्य में कुछ पाने में ही खो गए हैं, समस्याओं की दुनियां और कठिनाइयों की भूलभुलैयां में खो गए हैं.

पत्थर, पौधे और पशु जो अभी तक जानते हैं, हम वह सब भूल गए हैं. हम भूल गए हैं कि हम कैसे *रहें*, शान्त रहें, अपने आप में रहें, जहां जीवन है, वहां रहें, ''यहां'' और इस वर्तमान में.

जब तुम अपना ध्यान किसी प्राकृतिक वस्तु में लगाते हो, ऐसी वस्तु, जो आदमी के दख़ल के बिना अस्तित्व में आई हो, तुम धारणागत सोच की क़ैद से बाहर आ जाते हो और एक सीमा तक, अस्तित्व से जुड़ने की दशा में भाग लेते हो, जिसमें सभी प्राकृतिक वस्तुएं अभी तक मौजूद हैं.

किसी पत्थर, पेड़ या फिर पशु में अपना ध्यान लगाने का मतलब यह नहीं हैं कि उसके बारे में *सोचो*, बल्कि उसे देखो और अपनी जागरूकता में उसे पकड़े रखो.

तब उसके सार में से कुछ स्वयं तुम्हारी ओर प्रवाहित होता है. तुम अनुभव करते हो कि वह कितना स्थिर है और इस अनुभव द्वारा वही अन्तर-शान्ति तुम्हारे भीतर जाग उठती है. तुम महसूस करते हो कि यह अस्तित्व में कितनी गहराई में मौजूद है, वह जैसी भी है और जहां भी है, उससे पूरी तरह एकात्म है. यह जान लेने के बाद तुम भी अपने अन्तर की गहराई में एक परम विश्राम-स्थल पर पहुंच जाते हो.

जब तुम प्रकृति के बीच घूमते या आराम कर रहे होते हो,
तब उस स्थिति में पूरी तरह डूबकर उसका आदर करो.
शान्त रहो. देखो. सुनो. ग़ौर करो कि किस प्रकार प्रत्येक
पौधा और हर जानवर अपने आप में पूर्ण है. उन्होंने अपने
को मनुष्यों की तरह दो हिस्सों में बांटा नहीं है. वे अपने
मानसिक रूपों में नहीं जीते, अतः उनके लिए इन रूपों की
रक्षा और उनको बढ़ाने के लिए प्रयत्न करने की कोई
ज़रूरत नहीं. हिरन *अपने आप ही है.* नरगिस का फूल
अपने आप में ही है.

प्रकृति में सब वस्तुएं अपने में एकात्म ही नहीं, बल्कि पूर्णता
से एक हैं. उन्होंने अपना अलग अस्तित्व मानते हुए –
अखण्डता के ढांचे से अपने को अलग नहीं किया –
''मैं'' और शेष ब्रह्माण्ड में से.

प्रकृति का अवलोकन तुम्हें इस ''मैं'' से, जो सबसे बड़ा
कठिनाई पैदा करने वाला है, उससे छुटकारा दिला
सकता है.

प्रकृति की मंद आवाज़ों के प्रति सचेत हो, जैसे हवा में पत्तों की सरसराहट, वर्षा की बूंदों की टप-टप, किसी कीड़े-मकोड़े की गिजगिजाहट, भोर की पहली चहचहाहट. सुनने की क्रिया में अपने आपको पूरी तरह डुबा दो. इन आवाज़ों के परे कुछ और भी अधिक ख़ास है, एक ऐसी दिव्यता, जिसे विचारों द्वारा नहीं जाना जा सकता.

तुमने अपने शरीर को नहीं रचा, न ही तुम शरीर की कार्य प्रणाली को नियंत्रण में कर सकते हो. आदमी के मस्तिष्क से अधिक बढ़कर एक बौद्धिकता काम करती है. अपने अन्तर के ऊर्जा क्षेत्र को जाने बिना, शरीर के भीतर की सजीव उपस्थिति, जीवित होने को महसूस किए बिना, तुम उस बुद्धि के निकट नहीं जा सकते.

एक कुत्ते का खिलाड़ीपना और ख़ुशी, उसका अपार प्रेम और हर पल जीवन का आनन्द उठाना, अक्सर कुत्ते के मालिक की मनोदशा के एकदम उलटा होता है – निराशा, उत्सुकता, समस्याओं के बोझ से दबे, विचारों में डूबे, उस एक स्थान व समय में अनुपस्थित, जहां उसे होना चाहिए – ''यहां'' और इस 'वर्तमान' में. आश्चर्य होता है कि ऐसे व्यक्ति के साथ रहते हुए भी कुत्ता कैसे अपने आप को इतना सहज व प्रसन्न रख पाता है.

जब तुम प्रकृति को केवल मस्तिष्क या विचारों द्वारा देखते हो, तब तुम उसकी सजीवता को, उसके अस्तित्व को महसूस नहीं कर सकते. तुम केवल रूप को देखते हो और उस रूप के भीतर के जीवन के दिव्य रहस्य से अनजान रहते हो. विचार प्रकृति को एक वस्तु के रूप में रखकर उसका महत्त्व कम कर देते हैं, जिसका प्रयोग लाभ अथवा ज्ञान या फिर किसी अन्य उपयोगिता के उद्देश्य के लिए किया जा सके. पुराने जंगल, इमारती लकड़ी, पक्षी शोध की परियोजना बन जाते हैं और पर्वत किसी वस्तु की खुदाई अथवा चढ़ाई के लिए ही रह जाते हैं.

जब तुम प्रकृति को देखते हो, तो अपनी बुद्धि और विचार अलग कर दो और उनमें स्थान रहने दो. जब तुम प्रकृति के समीप इस प्रकार समीप जाते हो, तो वह तुम्हें उत्तर देगी और मानव व ब्रह्माण्ड चेतना के विकास में भाग लेगी.

एक फूल किस प्रकार मौजूद है, जीवन के प्रति कैसे समर्पित है, इस पर ध्यान दो.

तुम्हारे घर में जो पौधा है – क्या तुमने कभी उसकी ओर ध्यान से देखा है? क्या तुमने उस जाने-पहचाने, परन्तु रहस्यमय अस्तित्व, जिसे हम *'पौधा'* कहते हैं, को अपने रहस्य सिखाने दिए? क्या तुमने देखा कि वह कितनी गहराई तक शान्ति से पूर्ण है? किस प्रकार वह अन्तर-शान्ति के क्षेत्र से घिरा हुआ है? जिस पल तुम पौधे से उभरने वाली शान्ति और अन्तर-शान्ति को पहचान जाते हो, वह पौधा तुम्हारा गुरु बन जाता है.

एक पशु, एक फूल, एक पेड़ को ध्यान से देखो, वह कैसे अपने अस्तित्व में विश्राम करता है. वह अपने आप में *'है'*. उसके पास असीम गरिमा, मासूमियत और पवित्रता है. फिर भी उसे देखने को उसकी निशानदेही व नाम देने की अपनी वैचारिक आदत से परे जाना होगा. जैसे ही तुम इन विचार पूर्ण निशानदेही से परे जाओगे, तुम प्रकृति की उस अकथनीय सीमा को महसूस कर सकोगे, जो कि विचारों द्वारा समझी और इन्द्रियों द्वारा देखी नहीं जा सकती. यह एक सन्तुलन है, एक पवित्रता है, जो कि न केवल सम्पूर्ण प्रकृति में व्याप्त हो जाती है, बल्कि स्वयं तुम्हारे भीतर भी है.

हवा जिसमें तुम सांस लेते हो, प्रकृति ही है, जैसे कि सांस लेने की क्रिया है.

अपना ध्यान अपनी सांस पर केन्द्रित करो और यह समझो कि तुम यह नहीं कर रहे हो. यह प्रकृति का ही सांस को अंदर लेना और बाहर छोड़ना है. यदि तुम्हें याद रखना पड़े कि सांस भी लेनी है, तो तुम शीघ्र ही मर जाओगे और यदि तुमने सांस रोकने की कोशिश की, तो प्रकृति जीत जाएगी.

अपनी सांस के बारे में जानकर, और अपना ध्यान वहां लगाना सीखकर, बहुत ही अपनेपन और प्रभावशाली ढंग से तुम प्रकृति से दोबारा जुड़ ज़ाते हो. यह पीड़ा का नाश करने व बहुत ही प्रभावशाली बनाने योग्य काम है. यह चिन्तन की वैचारिक दुनियां को सहज चेतना के अन्तर-क्षेत्र में स्थानान्तरित कर देता है.

अस्तित्व के साथ दोबारा जुड़ने के लिए तुम्हें प्रकृति की गुरु के रूप में आवश्यकता है. केवल तुम्हें ही नहीं, प्रकृति को भी तुम्हारी आवश्यकता है.

तुम प्रकृति से अलग नहीं हो. हम सभी एक जीवन का हिस्सा हैं, जो इस जगत में अपने आपको अनगिनत रूपों में प्रकट करता है — रूप जो पूरी तरह आपस में जुड़े हुए हैं. जब तुम दिव्यता, सुन्दरता अद्भुत अन्तर-शान्ति और गौरव, जिसमें फूल या पेड़ मौजूद हैं, उसे पहचान लेते हो, तो तुम उस पेड़ या फूल में कुछ और जोड़ देते हो. तुम्हारे पहचानने और तुम्हारी जागरूकता द्वारा प्रकृति भी अपने को पहचान लेती है. वह तुम्हारे द्वारा अपनी सुन्दरता और दिव्यता को जान जाती है.

एक विशाल शान्त स्थान, अपनी बांहों में सारी प्रकृति को समेट लेता है. वह तुम्हें भी समेट लेता है.

उस समय जब तुम अभी अपने आप में स्थिर होते हो, तुम अन्तर-शान्ति के उस क्षेत्र में पहुंच पाते हो, जिसमें पत्थर, पौधे और पशु रहते हैं. जब तुम्हारा शोर से भरा मस्तिष्क शान्त हो जाता है, तुम प्रकृति से बहुत गहराई तक जुड़ जाते हो और बहुत अधिक चिन्तन से पैदा की गई अलगाव की भावना से दूर चले जाते हो.

विचार करना जीवन के मूल्यांकन की एक स्थिति है. प्रकृति भोली-भाली अन्तर-शान्ति में निवास करती है, जो विचारों के पैदा होने से पूर्व ही होता है. पेड़, फूल, चिड़िया और पत्थर अपनी सुन्दरता और दिव्यता के बारे में अनजान होते हैं. जब मनुष्य का अस्तित्व शान्त हो जाता है, तो वे चिन्तन से परे हो जाता हैं. यहां ज्ञान के विस्तार में वृद्धि हो जाती है, विचार से परे अन्तर-शान्ति में, जागरूकता की.

प्रकृति तुम्हें अन्तर-शान्ति में ले जाती है. तुम्हारे लिए उसका यह उपहार है. जब तुम प्रकृति को देखते और उससे अन्तर-शान्ति के क्षेत्र में जुड़ जाते हो, तो वह क्षेत्र तुम्हारी जागरूकता से भर जाता है. प्रकृति के लिए यही तुम्हारा उपहार है.

तुम्हारे द्वारा प्रकृति भी अपने बारे में सजग हो जाती है, मानो प्रकृति तुम्हारी ही प्रतीक्षा कर रही है, जैसे कि पिछले लाखों वर्षों से यह कर रही है.

अध्याय 8

~

सम्बन्ध

किसी भी व्यक्ति के बारे में हम जल्दी ही राय बना लेते हैं और अपने मन में एक निर्णय भी ले लेते हैं. किसी दूसरे व्यक्ति की निशानदेही करना, उसे एक काल्पनिक व्यक्तित्व प्रदान करना, उसके बारे में दो टूक निर्णय थोप देना, अहंकार से भरे मस्तिष्क को बहुत संतोष प्रदान करता है.

अपने जन्मगत स्वभाव, बचपन के अनुभवों और सांस्कृतिक वातावरण के कारण प्रत्येक व्यक्ति एक विशेष प्रकार से सोचता और व्यवहार करता है.

वे वैसे नहीं हैं, लेकिन वैसे दिखाई देते हैं. जब तुम किसी के बारे में निर्णय करते हो, तो उसके साथ उन सहज मानसिक प्रतिरूपों को भ्रमित कर देते हो. ऐसा करना अपने आप में एक गहरा सशर्त और अचेतन प्रतिरूप है. तुम उन्हें एक वैचारिक व्यक्तित्व प्रदान करते हो और वह नक़ली व्यक्तित्व न केवल उस व्यक्ति के लिए, बल्कि तुम्हारे लिए भी क़ैद बन जाती है.

निर्णय न लेने का अर्थ यह नहीं कि तुम यह नहीं देखते कि वे क्या करते हैं, बल्कि इसका मतलब यह है कि तुम उनके व्यवहार को अनुकूलता के एक विशेष रूप में पहचानते हो और उसी रूप में देखते और स्वीकार कर लेते हो. तुम उस व्यक्ति के लिए उससे अलग कोई और व्यक्तित्व नहीं बनाते हो.

यह तुम्हें और साथ ही दूसरे व्यक्ति को भी अनुकूलता, रूप और मस्तिष्क के साथ व्यक्तित्व की पहचान से मुक्त करा देगा. अहंकार तुम्हारे सम्बन्धों को अब और प्रभावित नहीं करता है.

जब तक अहंकार तुम्हारे जीवन को चलाता है, तुम्हारे अधिकतर विचार, भावनाएं और क्रियाकलाप इच्छा और भय से ही उत्पन्न होते हैं. सम्बन्धों में तुम दूसरे व्यक्ति से कुछ आशा करते हो या फिर उससे भयभीत रहते हो.

ख़ुशी, भौतिक लाभ, अपनी पहचान, प्रशंसा या प्रतिष्ठा या तुम जो हो या जो कुछ भी तुम्हारे पास है या फिर तुम दूसरे से अधिक जानते हो, यह सब तुलना द्वारा अपने स्व की अनुभूति को मजबूत करने के लिए तुम उनसे चाहते हो. तुम्हें इस बात का डर है कि विरोधी तुम्हारे अस्तित्व को किसी-न-किसी रूप में कम या नीचा कर देगा.

जब तुम वर्तमान क्षण को ही, बजाय उसे अपना अन्तिम लक्ष्य मानने के, अपने ध्यान की मुख्य धुरी मान लोगे, तो तुम अहंकार भाव से परे चले जाओगे, तुम अहंकार और दूसरे लोगों के अपने लक्ष्य की प्राप्ति में एक साधन मानने की, अनचाही मजबूरी से परे चले जाओगे. यही अन्तिम लक्ष्य, जो कि दूसरों के सहारे तुम्हारे स्व को बढ़ाता है. जब तुम अपना पूरा ध्यान इस बात पर लगा देते हो कि तुम किससे सम्पर्क बना रहे हो, सिवाय कुछ व्यावहारिक कारणों से तुम अपने सम्बन्धों में से अतीत और भविष्य को बाहर कर देते हो. जब तुम प्रत्येक व्यक्ति से मिलते समय पूरी तरह उपस्थित रहते हो, तो तुमने उनका जो वैचारिक अस्तित्व बना रखा है, उसे कम कर देते हो. वे क्या हैं, उन्होंने अतीत में क्या किया – अपनी इस धारणा के चलते इस प्रकार भय और इच्छा की अहंकारी प्रतिक्रियाओं के बिना तुम उनसे सम्पर्क स्थापित कर पाते हो. सावधानी सजग अन्तर-शान्ति है. यही इसकी कुंजी है.

अपने सम्बन्धों में डर और इच्छा से दूर चले जाना कितना सुखदायी होता है. प्रेम न कुछ है, न ही किसी चीज़ से डरता है.

अगर उसका अतीत तुम्हारा अतीत होता, उसका दुःख तुम्हारा दुःख और उसकी चेतना का स्तर तुम्हारी चेतना का स्तर होता, तो तुम एकदम वैसा ही सोचते और करते, जैसा वह सोचती व करती. इस बोध के साथ ही क्षमा, सन्तोष और शान्ति तुम्हें प्राप्त हो जाती है.

यह सुनना अहंकार को पसन्द नहीं है, क्योंकि यदि वह प्रतिक्रिया करने वाला और न्याय-संगत फिर कभी नहीं हो पाता, तो वह अपनी शक्ति खो देता है.

'वर्तमान' के स्थान के भीतर आने वाले प्रत्येक व्यक्ति को जब तुम कुलीन अतिथि के रूप में स्वीकार कर लेते हो, तो उसमें बदलाव आने लगता है.

किसी व्यक्ति के बारे में सार रूप से जानने के लिए तुम्हें उसके *बारे में* उसका अतीत, उसका इतिहास, उसकी कहानी कुछ भी जानने की ज़रूरत नहीं. हम *'इस जानकारी'* को धारणा से हटकर गम्भीर जानकारी से भ्रमित कर लेते हैं. कुछ जानना और कुछ के *बारे में* जानना दो एकदम अलग ढंग हैं. इसमें एक रूप व दूसरा रूपहीनता से जुड़ा हुआ है. एक विचारों द्वारा परिचालित होता है, दूसरा अन्तर-शान्ति द्वारा.

किसी के *'बारे में'* जानना व्यावहारिक दृष्टि से सहायक हो सकता है. उस स्तर पर हम उसके बिना कुछ भी नहीं कर सकते. सम्बन्धों में जब यह प्रबल प्रक्रिया होती है, तब वह अत्यन्त सीमित करने वाली, यहां तक कि विनाशकारी हो जाती है विचार एवं धारणाएं अस्वाभाविक बाधा उत्पन्न कर देते हैं, मनुष्य के बीच विभाजन जैसी. तुम्हारे सम्पर्क तब अस्तित्व में नहीं, बल्कि मस्तिष्क में स्थित होते हैं. वैचारिक बाधाओं के न होने पर सभी मनुष्यों के बीच सम्पर्क से प्रेम प्राकृतिक रूप में आ जाता है.

अक्सर सभी मानवीय सम्पर्क विचारों के क्षेत्र में शब्दों के आदान-प्रदान तक ही सीमित होते हैं. कुछ अन्तर-शान्ति का होना बहुत ही ज़रूरी होता है, विशेषकर तुम्हारे निकट सम्बन्धों में.

कोई भी सम्बन्ध जो कि अन्तर-शान्ति से आता है, विस्तार की भावना के बिना नहीं फल सकता. ध्यान करो या फिर प्रकृति के बीच शान्ति से समय गुज़ारो. सैर करते समय, कार में बैठे हुए या फिर घर में बैठे हुए, अन्तर-शान्ति के साथ घुल-मिलकर एक-दूसरे के साथ रहो. अन्तर-शान्ति पैदा नहीं की जा सकती है. अन्तर-शान्ति को केवल स्वीकार करो, जो कि वहां पहले से ही है, केवल मानसिक शोर ही उसकी रुकावट होता है.

यदि विस्तृत अन्तर-शान्ति का अभाव है, तो सम्बन्ध मस्तिष्क द्वारा शासित होने लगेंगे और बहुत शीघ्र ही वह समस्याओं और द्वंद्व द्वारा क़ब्ज़े में आ जाएंगे. यदि वहां अन्तर-शान्ति है, तो वहां और कुछ नहीं हो सकता.

ध्यान से सुनना भी सम्बन्धों में अन्तर-शान्ति स्थापित करने का एक और तरीक़ा है. जब तुम ध्यान से दूसरे की बात सुनते हो, अन्तर-शान्ति के फैलाव जाग उठते हैं और सम्बन्धों का एक न टूटने वाला हिस्सा बन जाते हैं, परन्तु वास्तविक रूप में सुनना एक असाधारण हुनर है. किसी भी व्यक्ति की जागरूकता का ज़्यादातर हिस्सा उसका अपने विचार ही ले लेते हैं. ज़्यादा-से-ज़्यादा वे या तो तुम्हारे शब्दों का मूल्यांकन कर रहे होते हैं या फिर कहने के लिए दूसरी बात तैयार कर लेते हैं या फिर वे अपने ही विचारों में खोकर, तुम्हारी बात सुन ही नहीं रहे होते.

वास्तविक रूप में सुनना सुनने संबंधी बोध से बहुत आगे तक होता है. यह सचेत मनोयोग का जागना होता है, उपस्थिति का ऐसा स्थान, जिसमें शब्द स्वीकार किए जाते हैं. शब्द अब दूसरे स्थान पर हो जाते हैं. वे सार्थक भी हो सकते हैं और निरर्थक भी. तुम जो *कुछ भी* सुन रहे हो, उससे सुनने की क्रिया अधिक महत्वपूर्ण हो जाती है और जब तुम सुनते हो, तो चेतन उपस्थिति का स्थान तुम्हारे भीतर जाग उठता है. यह स्थान जागरूकता को जोड़ने वाला वह स्थान बन जाता है, जिसके भीतर तुम दूसरे व्यक्ति से वैचारिक बुद्धि द्वारा रची गई बांटने वाली बाधाओं के बिना मिलते हो. अब दूसरा व्यक्ति 'दूसरा' नहीं रहता. उस स्थान में तुम दोनों एक-दूसरे से एक ही जागरूकता, एक ही चेतना के रूप में जुड़ जाते हो.

क्या तुम अपने निकट के सम्बन्धों में बार-बार नाटकीय बदलाव को अनुभव करते हो ? विचारों में चाही गई सहमति न होने से क्या तुम भावना से भरे दुःख और हिंसक वाद-विवाद पैदा करते हो ?

ऐसे सभी प्रकार के अनुभवों की जड़ में बुनियादी तौर पर अहंकारी प्रवृत्ति होती है. अपने सही होने और बेशक दूसरे के ग़लत होने की आवश्यकता, यानी मानसिक स्थिति के साथ अस्तित्व की पहचान का होना. इसमें अहंकार को किसी व्यक्ति या वस्तु से समय-समय पर संघर्ष की इच्छा भी होती है, ताकि वह ''मैं'' और ''दूसरे'' के बीच अलगाव की भावना को मज़बूत कर सके, जिसके बिना वह स्वयं जीवित नहीं रह सकता.

इसके साथ-साथ इसमें अतीत से संचित भावनात्मक पीड़ा भी होती है, जिसे तुम और प्रत्येक व्यक्ति अपने निजी अतीत और साथ ही मानवता की सामूहिक पीड़ा को भी, जो पिछले काफ़ी समय से चली आ रही है, उसे अपने साथ लेकर चलता है. यह ''दुःखी शरीर'' ही तुम्हारे भीतर का ऊर्जा क्षेत्र है, जो तुम पर अधिकार जमा लेता है, क्योंकि उसे अपने लिए और अधिक भावनात्मक पीड़ा अनुभव करने की ज़रूरत है, ताकि वह उस पर जीवित रह सके और अपने को ताक़तवर बना सके. यह तुम्हारी बुद्धि को अधिकार में करने और उसे पूरी तरह नकारात्मक बनाने का प्रयत्न करेगा. यह तुम्हारे नकारात्मक विचारों से प्रेम करता है, क्योंकि यह उसके उतार-चढ़ाव से प्रभावित होता है, इसलिए उन पर निर्भर रहता है. यह तुम्हारे निकट रहने

वाले लोगों, विशेषकर तुम्हारे साथियों में भी नकारात्मक भावनात्मक प्रतिक्रियाएं जाग्रत करता है, ताकि यह उससे होने वाली घटनाओं और भावनात्मक दुःख पर जीवित रह सके.

तुम इस अचेतन पहचान से जो कि अन्दर गहराई तक दुःख के साथ स्थित है और तुम्हारे जीवन में इतना अधिक कष्ट लाती है, उससे किस प्रकार अपने को मुक्त कर सकते हो ?

उसे पहचान लो. यह समझो कि यह 'वो' नहीं है, जो कि तुम हो और वह जो है, बीता हुआ दुःख है, उसे पहचानो. इसे अपने ऊपर या फिर अपने साथी के साथ घटता हुआ देखो. जब उसके साथ तुम्हारी यह अचेतन पहचान समाप्त हो जाए, जब तुम उसे अपने अन्दर पहचानने के योग्य हो जाओ, तो तुम उसकी परवाह नहीं करते, तब वह धीरे-धीरे अपनी शक्ति खो देगा.

मानवीय सम्बन्धों का आदान-प्रदान नरक समान हो सकता है अथवा वह एक महान अध्यात्मिक अभ्यास भी बन सकता है.

जब तुम अन्य व्यक्ति की ओर देखते हो और उसके लिए
मन में अपार प्रेम उमड़ आता है अथवा जब तुम प्रकृति में
सुन्दरता देखते हो और उसके लिए तुम्हारे दिल की गहराई
में कुछ जाग उठता है, तब एक क्षण के लिए आंखे मूंद लो
और तुम्हारी सच्ची प्रकृति में, तुम जो भी हो उससे अलग
हुए बिना, प्रेम के उस तत्व को अथवा उस सुन्दरता को
अपने भीतर अनुभव करो. तुम भीतर से जो हो, तुम्हारा
बाहरी रूप उसका ही अस्थायी प्रतिबिम्ब है और तुम्हारे ही
सार रूप में है. इसलिए प्रेम और सुन्दरता तुम्हें कभी नहीं
छोड़ सकते, जबकि सभी प्रकार के बाहरी रूप छोड़ देते हैं.

वस्तुओं की दुनिया से तुम्हारा क्या सम्बन्ध है ? ढेरों वस्तुएं
जो तुम्हें चारों ओर से घेरे हुए हैं और जिन्हें तुम प्रतिदिन
प्रयोग करते हो, कुर्सी जिस पर तुम बैठते हो, क़लम, कार,
प्याला आदि ? क्या ये तुम्हारे लिए लक्ष्य प्राप्त करने का
एक साधन मात्र हैं ? उनका होना, चाहे यह कितने ही कम
समय के लिए क्यों न हो, उन्हें देखकर उन पर अपना ध्यान
केन्द्रित करके क्या तुम उनके अस्तित्व को कभी-कभी
स्वीकार करते हो ?

जब तुम वस्तुओं के लिए मोह में पड़ते हो, जब तुम उनका प्रयोग अपने और दूसरों की नज़र में ऊंचा उठने के लिए करते हो, तब इन वस्तुओं के लिए तुम्हारा यह मोह तुम्हारे पूरे जीवन को लपेट लेगा. जब स्व की पहचान इन वस्तुओं द्वारा होगी, तब तुम उन वस्तुओं की प्रशंसा, वे जैसी हैं, इसलिए नहीं करोगे, बल्कि अपने लिए उसमें जो भी देखते हो, इसलिए करोगे.

जब तुम किसी वस्तु की उसी के कारण प्रशंसा करते हो, जब तुम अपनी मानसिक प्रस्तुति के बिना उसे स्वीकार कर लेते हो, तब तुम उसके अस्तित्व के लिए आभारी अनुभव *'नहीं'* करते. तुम यह भी अनुभव करोगे कि वह वास्तव में निर्जीव नहीं है. केवल इन्द्रियों द्वारा ही ऐसा प्रतीत होता है. भौतिकशास्त्री इस बात की पुष्टि करेंगे कि अणु के स्तर पर वह सचमुच स्पंदनशील ऊर्जा क्षेत्र है.

वस्तुओं के परिमण्डल की स्व के बिना प्रशंसा द्वारा तुम्हारे चारों ओर की दुनियां इस प्रकार सजीव हो उठेगी, जिसकी कल्पना भी तुम बुद्धि द्वारा नहीं कर सकते.

जब भी तुम किसी से मिलते हो, चाहे कितने भी कम समय के लिए क्यों न हो, क्या तब उन पर अपना पूरा ध्यान केन्द्रित करके उनके अस्तित्व को स्वीकार करते हो? या केवल एक लक्ष्य, प्रक्रिया या उद्‌देश्य के रूप में क्या तुम उनके दर्जे में कमी कर देते हो?

सुपर मार्केट के एक ख़जांची या कार पार्किंग के कर्मचारी या फिर मरम्मत करने वाले मिस्त्री से तुम्हारा क्या सम्बन्ध है? क्या ग्राहक का?

एक पल के लिए भी ध्यान देना काफ़ी होता है. जब तुम उन्हें देखते या उनकी बात सुनते हो, उस समय यहां एक सजग अन्तर-शान्ति होती है, शायद केवल एक या दो सेकन्ड मात्र के लिए या फिर कुछ और अधिक समय के लिए. कुछ अधिक वास्तविकता उभरने के लिए वह काफ़ी है, बजाय उस भूमिका के, जो हम अक्सर खेलते और उसके साथ पहचान बनाते हैं. हमारी सभी भूमिकाएं सहज चेतना के ही हिस्से हैं जो कि मानव मस्तिष्क हैं. सजगता के व्यवहार से जो उभरता है, वह सहज है, जो नाम और रूप के नीचे, सार में तुम स्वयं हो. तुम किसी लिखित अंश पर अभिनय नहीं करते, तुम वास्तविक बन जाते हो. जब ये विस्तार तुम्हारे भीतर से जाग उठते हैं, तब वे दूसरे व्यक्ति के भीतर से भी उसको बाहर खींच लेते हैं.

अन्त में यहां कोई दूसरा नहीं, तुम हमेशा अपने से ही मिलते हो.

अध्याय 9

मृत्यु और शाश्वत

जब तुम किसी ऐसे जंगल से गुज़रते हो, जिसकी देखभाल न हुई हो, और जहां मनुष्य की आवाजाही न हुई हो, तुम्हें वहां चारों ओर न केवल भरपूर जीवन दिखाई देगा, बल्कि साथ ही गिरे हुए पेड़, टूटे तने, सड़ी गली पत्तियां और हर क़दम पर गलते-सड़ते पदार्थ मिलेंगे. जिधर भी तुम नज़र घुमाओगे, तुम्हें मृत्यु और जीवन साथ-साथ ही दिखाई देंगे.

नज़दीक से देखने पर, तुम पाओगे कि ये टूटे तने और सड़ी हुई पत्तियां नए जीवन को जन्म ही नहीं देते, बल्कि अपने आप में भी जीवन से भरपूर होते हैं. सूक्ष्म जीव काम कर रहे होते हैं, अणु अपने को दोबारा बना रहे होते हैं. इसलिए मृत्यु कहीं पर भी दिखाई नहीं देती. यहां तो केवल जीवन का रूपान्तरण हो रहा है. तुम इससे क्या सीख सकते हो ?

मृत्यु जीवन के विपरीत नहीं है. जीवन का कोई भी विपरीत नहीं. मृत्यु का विपरीत है जन्म. जीवन शाश्वत है.

ऋषियों और कवियों ने पिछले न जाने कितने युगों से मनुष्य के (मिथ्या) स्वप्न जैसे गुण को पहचाना है. देखने में एकदम ठोस और वास्तविकता में फिर भी इतना अस्थायी कि किसी भी क्षण समाप्त हो सकता है.

तुम्हारी मृत्यु के समय तुम्हारे जीवन की कहानी वास्तव में तुम्हें एक स्वप्न की तरह लगेगी, जो अन्त पर पहुंच रही है, फिर भी स्वप्न में कुछ तो तत्व होता है, जो वास्तविक हो. एक चेतना अवश्य होती है, जिसमें स्वप्न घटित होता है, नहीं तो वह ऐसा कभी भी नहीं होता.

उस चेतना को क्या शरीर पैदा करता है या चेतना ही शरीर के सपनों को, कुछ होने के सपनों को बनाती है ?

ऐसा क्यों होता है कि मृत्यु के निकट पहुंचने पर लोगों को जो अनुभव होते हैं, उसके बाद वे मौत से नहीं डरते ? इस पर सोचो.

तुम बेशक यह जानते हो कि तुम ज़रूर मरोगे, परन्तु जब तक मौत से तुम्हारा व्यक्तिगत रूप से आमना-सामना पहली बार नहीं होता, यह केवल मानसिक धारणा ही रहती है. किसी एक गम्भीर बीमारी के समय या फिर तुम्हारे साथ या तुम्हारे प्रिय के साथ दुर्घटना होने पर, किसी प्रियजन के देहान्त पर, अपनी नश्वरता की जानकारी के रूप में मृत्यु तुम्हारे जीवन में प्रवेश करती है.

भय के कारण बहुत से लोग उससे मुंह मोड़ लेते हैं, परन्तु अगर तुम डरो नहीं, और इस तथ्य का सामना करो कि यह शरीर अस्थायी है और किसी भी क्षण समाप्त हो सकता है, तब तुम्हारे अपने शारीरिक और मनोवैज्ञानिक रूप "मैं" के साथ कुछ हद तक अलगाव आ ही जाता है, बेशक यह कितना भी कम क्यों न हो. जब तुम जीवन के सभी रूपों और नश्वर प्रकृति को स्वीकार कर लेते हो, तो एक विचित्र प्रकार की शान्ति तुम्हारे अन्दर आ जाती है.

मृत्यु का सामना करने से तुम्हारी चेतना कुछ हद तक रूप के साथ-साथ पहचान से भी आज़ाद हो जाती है. यही कारण है कि बौद्ध धर्म की रीतियों में साधू श्मशान में नियम के साथ कुछ समय के लिए बैठते हैं और मृत शरीरों के बीच उपासना करते हैं.

पाश्चात्य संस्कृति में काफ़ी हद तक मृत्यु के लिए नकारात्मक भाव है. यहां तक कि बूढ़े लोग भी उसके विषय में बात करना और सोचना तक पसन्द नहीं करते और मृत शरीर आंखों से दूर हटा दिए जाते हैं. एक संस्कृति जो मौत को अस्वीकार करती है, बहुत ही उथली और बनावटी हो जाती है और केवल ऊपरी चीज़ों से सम्बन्ध रखती है. जब हम मौत को अस्वीकार करते हैं, तो ज़िंदगी भी अपनी गम्भीरता खो बैठती है. नाम और रूप के परे हम कौन हैं, इसको जानने की सम्भावना से उस ज्ञान के परे के तत्वों के आयाम हमारी ज़िंदगी से गुम हो जाते हैं, क्योंकि मौत ही उस आयाम का प्रवेश द्वार है.

लोग अक्सर अन्त से असुविधा महसूस करते हैं, क्योंकि हर समाप्ति एक छोटी-सी मृत्यु होती है. इसलिए कई भाषाओं में ''अलविदा'' शब्द का मतलब ''फिर मिलेंगे'' होता है.

जब भी कोई अनुभव समाप्ति पर आता है, जैसे मित्रों का इकट्ठा होना, छुट्टियों का समय, तुम्हारे बच्चों का घर छोड़ कर जाना, तो तुम छोटी-सी मौत मर जाते हो. एक आकार, जो तुम्हारी चेतना में उस अनुभव के रूप में उभरता है, वह समाप्त हो जाता है. अक्सर यह अपने पीछे ख़ालीपन का अहसास छोड़ता है, जिसे अक्सर लोग अनुभव न करने का, उसका सामना न करने का कठिन प्रयन्त करते हैं.

यदि तुम जीवन में इन समाप्तियों को स्वीकार करना और यहां तक कि उनका स्वागत करना रीख लो, तो तुम देखोगे कि ख़ालीपन की यह भावना, जो शुरू में एकदम असुविधा देने वाली लगती थी, बाद में अन्तर के विस्तार में बदल जाती है, जो कि गहराई तक शान्तिमय है.

हर रोज़ इस प्रकार मरना सीखने से तुम अपने को जीवन के सम्मुख पाते हो.

बहुत से लोग यह सोचते हैं कि उनकी पहचान और उनका स्व के बारे में बोध एक सीमा तक बहुत अधिक क़ीमती है, जिसे वे किसी भी हालत में छोड़ना नहीं चाहते. इसीलिए वे मृत्यु से डरते हैं.

यह काफ़ी सीमा तक कल्पना से परे और भयभीत कराने वाला होता है कि इस ''मैं'' का अस्तित्व समाप्त हो सकता है, परन्तु तुम इस क़ीमती ''मैं'' को अपने नाम व रूप और उसके साथ जुड़ी कहानी से जोड़ लेते हो. यह 'मैं' चेतना के क्षेत्र में एक अस्थायी रूप के अलावा कुछ नहीं.

जहां तक रूप की पहचान को ही तुम मानते हो, तो तुम नहीं जानते कि यह बहुमूल्य भावना तुम्हारा अपना ही तत्व है, जो तुम्हारे अन्दर का बोध ''मैं हूं'' है और जो स्वयं ही चेतना है. यही तुम्हारे अन्दर का नित्य है और यही वह चीज़ है, जो कि तुम ''खो'' नहीं सकते.

तुम्हारे जीवन में जब किसी प्रकार की हानि हो जाती है, जैसे जायदाद का लुट जाना, घर से बेघर हो जाना, किसी निकट के रिश्तेदार का साथ छूट जाना या तुम्हारी इज़्ज़त, नौकरी या फिर शारीरिक योग्यता का खो जाना, तो कुछ तुम्हारे अन्दर मर जाता है. तुम्हारे अन्दर "मैं कौन हूं" का बोध समाप्त हो जाता है. एक भटकाव का अहसास कि "इसके बिना मैं कौन हूं" तुम में आ जाता है.

जब एक रूप, जिसे तुमने अनजाने में अपनी पहचान के रूप में जान लिया है, तुम्हें छोड़ देता है या फिर समाप्त हो जाता है, तब यह बहुत दुःखदायी होता है. वह तुम्हारे जीवन में एक ख़ालीपन भर देता है.

जब यह घटित होता है, उस वक़्त तुम दुःख और उदासी को अनुभव करने या उसे अस्वीकार करने का प्रयत्न मत करो. स्वीकार करो कि वह है. उस हानि, जिसका तुम अपने को शिकार समझने लगते हो, उसके चारों ओर कहानी बनाने की अपनी बुद्धि की आदत से सावधान रहो. भय, क्रोध, अस्वीकार या फिर अपने हालात पर रोना, ऐसी भावनाएं उस स्थिति के साथ-साथ चलती हैं. उन भावनाओं और बुद्धि द्वारा रची कहानी के पीछे जो है, उसे जानो, वह एक शून्य है, एक ख़ाली विस्तार है. क्या तुम इस अनजाने ख़ालीपन की भावना को स्वीकार कर उसका सामना कर सकते हो ? यदि तुम कर सकते हो, तो तुम देखोगे कि यह अब डरने का स्थान नहीं है. यह देखकर तुम्हें हैरानी होगी कि शान्ति उसमें से प्रवाहित हो रही है.

मौत जब भी आती है, एक जीवन जब भी मिटता है, ईश्वर, निराकार, अनादि, मिटते हुए रूप द्वारा छोड़े गए ख़ाली स्थान में से चमकता है. इसीलिए जीवन में सबसे दिव्य वस्तु मृत्यु है. इसलिए मृत्यु की इच्छा को ध्यान में रखने और स्वीकार करने से ही ईश्वरीय शान्ति आती है.

हर व्यक्ति का अनुभव कितने थोड़े समय के लिए होता है, हमारा जीवन कितना क्षण-भंगुर होता है ? क्या कुछ ऐसा भी है, जो जन्म और मृत्यु का विषय नहीं है, ऐसा कुछ जो कि अविनाशी है ?

इस बात पर सोचो, यदि यहां केवल एक रंग होता, मान लो नीला रंग और सारी दुनिया और उसमें हर चीज़ नीली होती, तब नीला रंग होता ही नहीं. ऐसा कुछ ज़रूर होना चाहिए, जो कि नीला न हो, तब ही तो नीले रंग की पहचान हो सकती है. यदि वह भिन्न नहीं होगा, तो वह नहीं रहेगा.

इसी प्रकार क्या इस बात की ज़रूरत नहीं कि कुछ ऐसा हो. जो अस्थायी और क्षण-भंगुर न हो, ताकि दूसरी चीज़ों का अस्थायीपन पहचाना जा सके? दूसरे शब्दों में यदि तुम भी अस्थायी होते, तो क्या सभी कुछ तुम जान पाते? यह जानते और देखते हुए कि सभी चीज़ों का और तुम्हारा ख़ुद का स्वभाव क्षण-भंगुर है. इसका मतलब यह नहीं कि तुम्हारे अन्दर ऐसा कुछ है, जो समाप्त नहीं हो सकता?

जब तुम बीस साल के होते हो, तो तुम अपने शरीर की मज़बूती और शक्ति को पहचानते हो, साठ साल बाद तुम अपने शरीर की कमज़ोरी और बुढ़ापे को भी जान जाते हो. बीस साल की उम्र से लेकर साठ साल की उम्र तक तुम्हारा सोचना भी बदल गया है, परन्तु बुद्धि यह पहचान लेती है कि तुम जवान या बूढ़े हो गए हो या फिर तुम्हारे विचार बदल गए हैं, परन्तु वह बुद्धि नहीं बदली. जागरूकता जो तुम्हारे भीतर शाश्वत है, अपने आप में एक चेतना ही है. यह एक रूपहीन जीवन है. क्या तुम इसे खो सकते हो? नहीं, क्योंकि तुम ही यह हो.

कुछ लोग मृत्यु से पहले एकदम शान्ति से भरे और तेज से पूर्ण हो जाते हैं, जैसे समाप्त होते शरीर में से कुछ रोशन होने लगा हो.

कई बार ऐसा होता है कि बहुत बूढ़े या बीमार लोग अपने जीवन के अन्तिम दिनों, हफ़्तों, महीनों और कभी-कभी तो सालों पहले ही एकदम पारदर्शी हो जाते हैं. जब वे तुम्हारी तरफ़ देखते हैं, तो तुम्हें उनकी आंखों में से एक चमकती हुई रोशनी नज़र आती है. उनमें किसी प्रकार का मनोवैज्ञानिक दुःख बचा नहीं रहता. उन्होंने समर्पण कर दिया है, इसलिए बुद्धि द्वारा रचा हुआ अहंकारी 'मैं' पहले ही समाप्त हो जाता है. वे अपनी "मृत्यु से पहले ही मर जाते हैं" और अपने भीतर मृत्युहीन होने की जानकारी के साथ एक गहरी शान्ति को अपने अन्दर पा लेते हैं.

हर दुर्घटना और विनाश से जुड़ा हुआ हमारे अन्दर एक ताक़तवर उद्धार करने वाला आयाम बन जाता है, जिसके बारे में अक्सर हम अनजान रहते हैं.

मौत का एकदम पास आ जाने का एक धक्का अचानक ही तुम्हारी चेतना पर ज़बरदस्त असर डाल कर पहचान को रूप से एकदम अलग कर देता है. शरीर की मृत्यु से कुछ क्षण पहले और जब तुम आख़िरी सांस ले रहे होते हो, तुम चेतना के रूप से आज़ाद हो जाते हो. अचानक किसी तरह का डर बाक़ी नहीं रहता, केवल शान्ति और यह जानकारी रह जाती है कि ''सब कुछ ठीक है'' और मृत्यु केवल रूप का नष्ट होना है. मौत तब एक भ्रामक के रूप में नज़र आती है, उसी तरह के भ्रामक रूप में, जिससे तुमने अपनी पहचान बना रखी थी.

मृत्यु नियम के विरुद्ध अथवा सभी प्रकार की घटनाओं में सबसे भयंकर नहीं होती, जैसा आधुनिक संस्कृति ने तुम्हें विश्वास दिलाया हुआ है, बल्कि यह दुनिया की सबसे अधिक स्वाभाविक बात है, जो बांटी नहीं जा सकती है, जैसे कि यह जन्म का होना निश्चित है. जब तुम किसी मरते हुए व्यक्ति के पास बैठते हो, इसको तब भी याद रखो.

तुम जब किसी मरते हुए व्यक्ति के पास साथी और गवाह के रूप में बैठते हो, तो यह बहुत ही सौभाग्य की बात और पवित्र कार्य होता है.

जब तुम किसी मरते हुए व्यक्ति के पास बैठते हो, उस समय के अनुभव के किसी भी पक्ष को अस्वीकार मत करो. जो कुछ भी घट रहा है, उसे अस्वीकार मत करो और अपनी भावनाओं को भी अस्वीकार मत करो. यह अनुभव कि तुम कुछ नहीं कर सकते, तुम्हें असहाय, दुःखी अथवा गुस्सैल कर देगा. उससे भी एक क़दम आगे चलो : इसे स्वीकार करो कि तुम उस समय कुछ भी नहीं कर सकते. इसे पूरी तरह स्वीकार करो. तुम क़ाबू में नहीं हो. तुम्हारी भावनाएं, यहां तक कि दुःख अथवा बैचेनी, जो मरता हुआ व्यक्ति अनुभव कर रहा होगा, उस अनुभव के आगे पूरी तरह समर्पण कर दो. तुम्हारी चेतना की समर्पित दशा और साथ आई अन्तर-शान्ति मरते हुए व्यक्ति को सहारा देगी और उसके रूपान्तरण को आसान बना देगी. यदि शब्दों की ज़रूरत हो, तो वे तुम्हारे भीतर मौजूद अन्तर-शान्ति से निकलेंगे, परन्तु वे गौण होंगे.

अन्तर-शान्ति के साथ शान्ति का कल्याण आता हैं.

अध्याय 10

~

दुःख और दुःख का अन्त

सभी वस्तुओं का अन्तर-सम्बन्ध होना बौद्ध मत को मानने वाले पहले से ही जानते थे और भौतिकशास्त्री भी अब उसी का समर्थन करते हैं. जो कुछ भी घटता है, वह एकाकी घटना नहीं होती. वह तो सिर्फ़ ऐसी दिखाई देती है. जितना हम उस पर निर्णय देते है और उसकी निशानदेही करते हैं, तो उतना ही हम उसे अलग कर देते हैं. हमारी विचारधारा के कारण जीवन की पूर्णता बिखर जाती है, फिर भी जीवन की पूर्णता इस घटना को स्पष्ट करती है. अन्तर-सम्बन्धों के ये जाल, जिन्हें हम ब्रह्माण्ड कहते हैं, उसीका ही एक हिस्सा हैं.

इसका मतलब है कि जो कुछ भी है, उसके अलावा और कुछ नहीं हो सकता.

अक्सर कई बार हम यह सोच भी नहीं सकते कि दिखाई पड़ने वाली एक बेकार-सी घटना का इस ब्रह्माण्ड की अखण्डता पर क्या प्रभाव पड़ेगा, परन्तु पूर्णता के विस्तार के भीतर उसकी अनिवार्यता को पहचानकर, जो भी 'है', उसको अन्तर की स्वीकृति के साथ अपनाकर इससे जीवन की पूर्णता के साथ दोबारा तालमेल मिलाकर हम आगे बढ़ सकते हैं.

सच्ची स्वतंत्रता मिलना और दुःख का अन्त जीवन में इस प्रकार होता है कि इस क्षण तुम जो भी अनुभव करते और टटोलते हो, वह तुमने स्वयं पूरी तरह चुना है।

वर्तमान के साथ यह अन्तर का तालमेल रख पाना ही दुःख का अन्त है।

क्या दुःख वास्तव में ज़रूरी है ? हां और नही।

जैसा दुःख तुमने सहा है, वैसा न सहा होता, तो मनुष्य के रूप में तुममें कोई गहराई, नम्रता और करुणा न होती। तुम इस समय इसे पढ़ न रहे होते। दुःख अहंकार के कवच को तोड़ देता है, तब एक ऐसा क्षण आता है, जब उसका उद्देश्य पूरा हो जाता है। जब तक तुम दुःख की व्यर्थता नहीं समझ लेते, तब तक दुःख ज़रूरी है।

अप्रसन्नता के लिए बुद्धि द्वारा गढ़ी गई कहानी के साथ 'मैं' की ज़रूरत होती है, एक धारणागत पहचान को गुज़रे हुए समय या भविष्य में आने वाले कल की ज़रूरत. जब तुम अपनी अप्रसन्नता में से इस 'समय' को निकाल देते हो, तो क्या है, जो शेष रह जाता है ? इस क्षण का ऐसा होना ही शेष रहता है.

भारीपन, घबराहट, घुटन, गुस्सा या फिर उबकाई का अनुभव भी हो सकता है. यह अप्रसन्नता नहीं है, यह तुम्हारी व्यक्तिगत समस्या भी नहीं है. मानव के दुःख में कुछ भी निजी नहीं होता. यह केवल एक बहुत गहरा दबाव या भारी शक्ति है, जिसे तुम अपने शरीर के अन्दर कहीं अनुभव करते हो. उस पर ध्यान देने से वह भावना विचार में नहीं बदलती, बल्कि दुःखी ''मैं'' के रूप में प्रतिक्रिया करती है.

जब तुम किसी एक भावना को होने देते हो, तो देखो क्या होता है.

मस्तिष्क में उठने वाले हर विचार को जब तुम सत्य मान लेते हो, तो तुम्हारे मन में बहुत अधिक दुःख और अप्रसन्नता ही पैदा होती ही है. हालात तुम्हें दुःखी नहीं करते. वे तुम्हें शरीर की पीड़ा दे सकते हैं, परन्तु दुःखी नहीं बनाते. तुम्हारे विचार ही तुम्हें दुःखी बनाते हैं. तुम्हारी व्याख्याएं, कहानियां, जो तुम खुद को सुनाते हो, तुम्हें दुःखी बनाती हैं.

"इस समय मैं जो कुछ भी सोच रहा हूं, मुझे दुःखी बना रहा है." यह बोध तुम्हारी अचेतन पहचान को उन विचारों से अलग कर देता है.

यह दिन कितना बेकार रहा.

उसे इस बात की भी तमीज़ नहीं कि मुझे जवाब दे.

उसने मुझे नीचा दिखाया.

ऐसी छोटी-छोटी कहानियां हम अक्सर अपने को और दूसरों को शिकायत के रूप में सुनाते हैं. अपने को सही बताना और दूसरों को या दूसरी चीज़ों को ग़लत सिद्ध करना भी हमारी ग़लत स्व की भावना को अनजाने में और

भी उकसाती है. हम "सही" हैं, यह बात हमें अपनी काल्पनिक श्रेष्ठता की स्थिति में ले जाती है और अपने स्व के नक़ली भाव, यानी अहंकार को मज़बूत बनाती है. यह एक प्रकार के शत्रु को पैदा करती है, जी हां, अहं को अपनी सीमाएं निश्चित करने के लिए शत्रुओं की ज़रूरत होती है, यहां तक कि मौसम भी यह काम करने में मदद कर सकता है.

स्वाभाविक मानसिक निर्णय और भावनात्मक संकोच द्वारा तुम्हारा अपने जीवन में लोगों और घटनाओं से निजी प्रतिक्रिया से पूर्ण सम्बन्ध होता है. यह सभी अलग-अलग तरह के स्व द्वारा रचे गए दुःख हैं, परन्तु उन्हें इस रूप में पहचाना नहीं जाता, क्योंकि वे अहंकार को सन्तुष्ट करते हैं. अहंकार प्रतिक्रिया और विरोध द्वारा अपने को आगे बढ़ाता है.

उन कहानियों के बिना जीवन कितना सरल होता.

बारिश हो रही है.

वह मिलने नहीं आया.

मैं वहां था. वह नहीं थी.

जब तुम दुःखी हो, जब तुम असन्तुष्ट हो, तुम पूरी तरह से 'वर्तमान' में रहो. दुःख या समस्याएं कभी 'वर्तमान' में जीवित नहीं रहतीं.

दुःख तब शुरू होता है, जब तुम किसी परिस्थिति को मानसिक रूप में अच्छा या बुरा तय कर लेते हो. तुम एक परिस्थिति से नाराज़ होते हो और तुम्हारी यह नाराज़गी उसे ख़ास बना देती है और यह प्रतिक्रिया करने वाले 'मैं' को उस में ले आती है.

नाम और पहचान देना आदतन होते हैं, परन्तु इस आदत को तोड़ा जा सकता है. छोटी-छोटी बातों से नाम न देने का अभ्यास करो. यदि तुम हवाई-जहाज़ पर नहीं पहुंच पाते या फिर प्याला गिराकर तोड़ देते हो या फिसल कर कीचड़ में गिर जाते हो, तब क्या तुम इस अनुभव को दुःखद या बुरा करने से अपने को रोक सकते हो ? क्या तुम फ़ौरन उस क्षण ''जैसा है'', वैसा स्वीकार कर सकते हो ?

किसी को बुरे कारण से नाम देना तुम्हारे भीतर एक भावनात्मक संकोच पैदा कर देता है. जब तुम उसे बिना नाम दिए छोड़ देते हो, तो तुम्हारे अन्दर एक ताक़तवर शक्ति उत्पन्न हो जाती है.

संकोच तुम्हें जीवन की शक्ति से अलग कर देता है.

उन्होंने ज्ञान के वृक्ष से अच्छाई और बुराई के फल को चखा.

अच्छे और बुरे से दूर चले जाओ, अपने विचारों से किसी को अच्छा या बुरा दिखाने की आदत से अपने को रोको. जब अच्छे-बुरे से परे चले जाओगे, तो जगत की शक्ति तुम्हारे बीच में प्रवाहित होगी. जब तुम अनुभवों से बिना प्रतिक्रिया का सम्बन्ध रखोगे, तो जिस को तुमने पहले 'बुरा' कहा था, वह जीवन की शक्ति द्वारा एकदम पूरा घूम जाएगा, चाहे यह उसी समय न हो.

जब तुम एक अनुभव को उतना 'बुरा' नहीं कहते, तो देखो, क्या होता है, बल्कि तब अन्तर की स्वीकृति ही अन्तर की 'हां' हो जाती है, इसीलिए उसे ऐसा ही रहने दो.

तुम्हारे जीवन की परिस्थिति कैसी भी क्यों न हो, तब तुम कैसा अनुभव करोगे, यदि तुमने उसे अभी के अभी जैसा है, वैसा ही स्वीकार कर लिया होता है ?

यहां पर कई बहुत मामूली और कई जो कि मामूली नहीं हैं, ऐसे बहुत से दुःख के रूप हैं, जो इतने 'मामूली' हैं कि उन्हें दुःख के रूप में पहचाना भी नहीं जा पाता. यहां तक कि वे अहंकार को सन्तुष्ट करते हैं, जैसे उतावलापन, बैचेनी, ग़ुस्सा, किसी वस्तु या किसी व्यक्ति से किसी प्रकार की नाराज़गी, शिकायत आदि.

तुम उन सब प्रकार के दुःखों को जैसे-जैसे वे घटते हैं, उन्हें पहचान और जान सकते हो कि उस समय, मैं अपने लिएं ही दुःख पैदा कर रहा हूं.

यदि तुम्हें अपने लिए दुःख पैदा करने की आदत हो गई है, तो शायद तुम दूसरों के लिए भी दुःख पैदा कर रहे होते हो. जब वे घटते हैं, तो उस समय उनके बारे में जागरूक होकर यह सारी वैचारिक प्रक्रिया उन्हें बोध कराने से समाप्त हो सकती है.

तुम सचेत होकर अपने लिए दुःख पैदा नहीं कर सकते.

यह करिश्मा है : हर व्यक्ति की दशा और परिस्थिति के पीछे जो "अच्छाई" या "बुराई" दिखाई देती है, उसमें गहरी अच्छाई छिपी हुई होती है. यह गहरी अच्छाई तुम पर प्रकट होती है, भीतर और बाहर दोनों तरह से और जो भी *है,* वह उसके अन्तर की स्वीकृति है.

"बुराई का विरोध न करो," यही मानवता का सबसे महान सत्य है.

एक संवाद :

जो भी है उसे स्वीकार करो.

मैं सचमुच नहीं कर सकता. मैं इस विषय में नाराज़ और ग़ुस्से में हूं.

तब जो है, उसे स्वीकार करो.

स्वीकार करो कि मैं नाराज़ और ग़ुस्से में हूं ? स्वीकार करो कि मैं इसे स्वीकार नहीं कर सकता ?

हां, अपनी अस्वीकृति में स्वीकृति को लाओ, अपने असमर्पण में समर्पण लाओ, तब देखो क्या होता है.

बहुत पुरानी शरीर की असाध्य पीड़ा तुम्हारा सबसे कठोर गुरु होती है. "विरोध व्यर्थ है," यही उसकी शिक्षा है.

दुःख न सहने की अनिच्छा से बढ़कर कुछ भी स्वभाविक नहीं होता है. यदि तुम इस अनिच्छा को छोड़ दो और उसके बदले पीड़ा को वहां पर रहने दो, तो दर्द से वहां एक तीव्र अन्तर का अलगाव आ जाता है, तुम्हारे और दर्द के बीच एक अंतराल होगा, जो वहां पहले से मौजूद था. इसका मतलब जान-बूझकर ख़ुशी के साथ दर्द को झेलो. जब तुम सचेत होकर दर्द को झेलते हो, तब शरीर का दर्द तुम्हारे भीतर के अहंकार को समाप्त कर देता है, क्योंकि अहंकार अधिकतर प्रतिरोध पर ही जीवित रहता है. शरीर की बहुत अधिक अपंगता के लिए भी यही नियम लागू होता है.

तुम "अपने दर्द को ईश्वर को समर्पित कर दो," यह भी कहने का एक दूसरा तरीक़ा है.

जगत के शाश्वत सत्य को समझने के लिए, जो कि सूली के प्रतीक में है, उसके लिए तुम्हें ईसाई होना ज़रूरी नहीं है.

सूली यातना का एक उपकरण है. यह बहुत अधिक यातना, पाबन्दी, असहायता, जिससे कोई भी व्यक्ति परेशान हो सकता है, उसका ही प्रतीक है. तब अचानक वह व्यक्ति समर्पण कर देता है, अपनी इच्छा से जान-बूझकर दर्द सहता और यह कहता है, ''मेरी नहीं, बल्कि तुम्हारी इच्छा पूर्ण हो''. उस समय सूली, जो यातना का औज़ार है, अपना छिपा हुआ चेहरा दिखाता है. यह एक बहुत ही पवित्र प्रतीक भी है, दिव्यता का प्रतीक.

जो जीवन के अन्तर में ज्ञात आयाम के अस्तित्व को अस्वीकार करता प्रतीत होता है, समर्पण द्वारा उस आयाम में रास्ता खुल जाता है.

लेखक के सम्बन्ध में

एक्हार्ट टॉल्ल जर्मनी में पैदा हुए, जहां उन्होंने अपने जीवन के शुरू के तेरह वर्ष बिताए. लंदन विश्वविद्यालय से बी.ए. करने के बाद, वह कैम्ब्रिज विश्वविद्यालय में शोधकर्ता और सुपरवाइज़र हो गए. जब वह उनतीस वर्ष के हुए, तब एक गहरे आध्यात्मिक रूपान्तरण ने इनकी पुरानी पहचान को एक तरह से समाप्त कर दिया और इनके जीवन की दिशा को एक क्रान्तिकारी मोड़ दे दिया.

अगले कई वर्ष उस रूपान्तरण को समझने, उसका समन्वय करने और उसमें गहराई लाने में बीते, जिसने इनके जीवन में एक अन्तर्मुखी यात्रा प्रारम्भ कर दी.

एक्हार्ट किसी विशेष मत या धर्म से जुड़े हुए नहीं हैं. अपनी शिक्षाओं में वह प्राचीन आध्यात्मिक विषयों की समयातीत और बिना उलझनों वाली स्पष्टता के साथ सरल, फिर भी महत्वपूर्ण संदेश देते हैं, जो दुःख से बाहर निकलकर शान्ति में जाने का एक रास्ता है.

आजकल एक्हार्ट लगातार यात्राएं कर रहे हैं और अपनी शिक्षाओं को स्वयं पहुंचकर सारी दुनिया में फैला रहे हैं. वह 1996 से वैनकूवर, कनाडा में रहते हैं.

For information on talks, satsangs, intensives, retreats, and meditations given by Eckhart Tolle see:

www.eckharttolle.com

For further details, contact:
Yogi Impressions Books Pvt. Ltd.
1711, Centre 1, World Trade Centre,
Cuffe Parade, Mumbai 400 005, India.

Fill in the Mailing List form on our website and receive, via email, information on books, authors, events and more.
Visit: www.yogiimpressions.com

Telephone: (022) 61541500, 61541541,
E-mail: yogi@yogiimpressions.com

Join us on Facebook:
www.facebook.com/yogiimpressions

The Sacred India Tarot

Inspired by Indian Mythology and Epics

78 cards + 4 bonus cards + 350 page handbook

The Sacred India Tarot is truly an offering from India to the world. It is the first and only Tarot deck that works solely within the parameters of sacred Indian mythology – almost the world's only living mythology today.

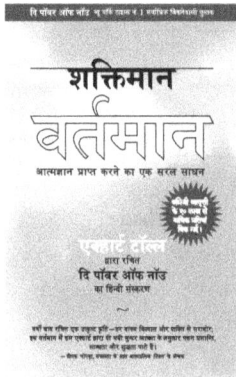

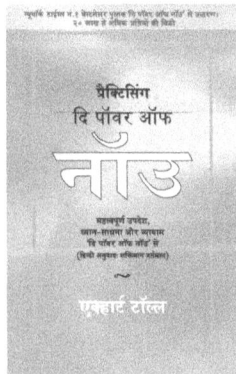

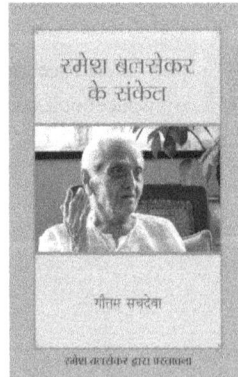

शक्तिमान
वर्तमान
आत्मज्ञान प्राप्त करने का एक सरल साधन
एकहार्ट टॉल्ल
द्वारा रचित
दि पॉवर ऑफ नॉउ
का हिन्दी संस्करण

जैसा
तुम
सोचते हो
जेम्स एलन

प्रैक्टिसिंग
दि पॉवर ऑफ
एकहार्ट टॉल्ल

रमेश बलसेकर
के संकेत
गौतम सचदेवा
रमेश बलसेकर द्वारा प्रस्तावना

www.ingramcontent.com/pod-product-compliance
Lightning Source LLC
Chambersburg PA
CBHW072021040426
42447CB00009B/1676